Cathy Grace
Elizabeth F. Shores

Das Portfolio-Buch für Kindergarten und Grundschule

Verlag an der Ruhr

Impressum

Titel der deutschen Ausgabe:
Das Portfolio-Buch für Kindergarten und Grundschule

Titel der amerikanischen Originalausgabe:
The Portfolio Book – A Step-by-Step Guide for Teachers
© 1998 by Elizabeth F. Shores and Cathy Grace
Published by Gryphon House, Inc., Beltsville, MD 20705

© der deutschsprachigen Ausgabe:
Verlag an der Ruhr
Postfach 10 22 51, D–45422 Mülheim an der Ruhr
Alexanderstraße 54, D–45472 Mülheim an der Ruhr
Tel.: 02 08 / 4 39 54 50, Fax: 02 08 / 4 39 54 39
E-Mail: info@verlagruhr.de, **www.verlagruhr.de**

Autorinnen:
Elizabeth F. Shores, Cathy Grace

Übersetzung:
Rita Kloosterziel

Bearbeitung für Deutschland:
Verlag an der Ruhr

Druck:
Druckerei Uwe Nolte, Iserlohn

© **Verlag an der Ruhr 2005**
ISBN 3-86072-943-8

geeignet für die Altersstufe 4 5 ... 8 10

Die Schreibweise der Texte folgt der reformierten Rechtschreibung.

Gedruckt auf chlorfrei gebleichtes Papier.

Alle Vervielfältigungsrechte außerhalb der durch die Gesetzgebung eng gesteckten Grenzen (z.B. für das Fotokopieren) liegen beim Verlag. Der Verlag untersagt ausdrücklich das Speichern und Zur-Verfügung-Stellen dieses Buches oder einzelner Teile davon im Intranet, Internet oder sonstigen elektronischen Medien. Kein Verleih.

Inhaltsverzeichnis

Kapitel 1: Argumente für die Arbeit mit Portfolios

- 10 Warum eigentlich Portfolios?
- 11 Die Hürde der schriftlichen Aufzeichnungen überwinden
- 12 Portfolios unterstützen individuelles Lernen
- 13 Das 10-Schritte-Programm zur Arbeit mit Portfolios
- 13 › *Einführung des 10-Schritte-Programms*
- 14 Lernen, effektiver zu planen
- 14 Die Einbindung von Familien
- 15 Weitere Überlegungen

Kapitel 2: Das Kind im Blick

- 18 Individuelle Lernziele
- 19 Was müssen wir über Kinder wissen?
- 19 › *Kenntnisse über das einzelne Kind*
- 19 › *Kenntnisse über die kindliche Entwicklung*
- 20 › *Kenntnisse über Vielfalt*
- 21 Familien ins 10-Schritte-Programm einbinden
- 21 › *Mit Familien kommunizieren*
- 22 › *Familienzentrierte „Lehrplanentwicklung"*
- 24 Berufliche Weiterentwicklung: Wie Portfolios Lehrern und Erziehern helfen zu lernen
- 24 › *Warum ein Pädagogisches Tagebuch wichtig ist*
- 24 › *Portfolios und berufliche Weiterbildung*
- 24 › *Unterrichtsforschung*
- 25 Weitere Überlegungen
- 25 Schlussbemerkung

Kapitel 3: So bereiten Sie sich vor

- 28 Startüberlegungen
- 29 Vorbereitungen
- 29 › *Eine Menge lesen!*
- 29 › *Mit Schreiben anfangen!*
- 31 › *Checkliste: Ein Pädagogisches Tagebuch führen*
- 32 Eltern in die Leistungsbewertung mit Portfolios einbinden
- 32 › *Leistungsbewertung zu Hause*
- 33 › *Checkliste: Wie ich dich liebe? Lass mich erzählen wie!*
- 34 › *Checkliste: Einkaufsliste für den Flohmarkt*
- 35 Weitere Überlegungen

Inhaltsverzeichnis

Kapitel 4: Das Portfolio und sein Inhalt

- 38 Was sind Portfolios?
- 38 Portfolio-Arten
- 38 › *Das private Portfolio*
- 39 › *Das Lern-Portfolio*
- 39 › *Das Präsentations-Portfolio*
- 40 Dokumente im Portfolio
- 40 › *Arbeitsproben der Kinder*
- 45 › *Ergebnisse analytischer Aufgaben*
- 46 › *Fotos*
- 50 › *Lerntagebücher*
- 52 › *Schriftliche Aufzeichnungen vom Lehrer/Erzieher*
- 58 › *Audio- und Videoaufzeichnungen*
- 59 Checklisten und Bewertungsskalen
- 69 Aufbewahrung der Dokumente
- 69 Zusammenfassende Bemerkungen

Kapitel 5: Das 10-Schritte-Programm zur Arbeit mit Portfolios

- 72 Zehn systematische Schritte
- 72 › *Überblick*
- 72 **Erster Schritt:** Eine Portfolio-Strategie formulieren
- 76 **Zweiter Schritt:** Arbeitsproben sammeln
- 81 **Dritter Schritt:** Fotos machen
- 85 **Vierter Schritt:** Lerntagebücher einsetzen
- 89 **Fünfter Schritt:** Kinder interviewen
- 94 **Sechster Schritt:** Systematisch beobachten
- 100 **Siebter Schritt:** Situationsbezogen beobachten
- 102 **Achter Schritt:** Entwicklungsberichte schreiben
- 107 **Neunter Schritt:** 3-Parteien-Portfolio-Gespräche führen
- 113 **Zehnter Schritt:** Präsentations-Portfolios zusammenstellen

Kapitel 6: Schlussfolgerungen

- 116 Schlussgedanken
- 119–129 Kopiervorlagen

Kapitel 7: Anhang

- 132–134 Glossar
- 135 Materialliste
- 136/137 Literatur, Quellenverzeichnis und Internet

Danksagung

Eigentlich sind alle Kinder, alle Eltern, Betreuer, Lehrer und Schuldirektoren, mit denen wir gesprochen oder die wir beobachtet haben, ein Teil dieses Buches. Wir danken allen, die über die Jahre und über die Entfernungen Zeit mit uns verbracht haben.

Zahlreiche Leute haben unser Projekt tatkräftig unterstützt. Wir möchten *Pam Schiller* dafür danken, dass sie uns Mut machte, dieses Buch zu schreiben, und wir danken *Larry Rood*, *Leah Curry-Rood* und *Kathy Charner* vom Verlag Gryphon House dafür, dass sie es angenommen haben.

Auch die folgenden Personen und Organisationen waren sehr hilfreich:
- Direktorium und Kollegium der Privatschulen von Tupelo, MS;
- Lehrer und Schüler der Lift Head Start-Schule in Tupelo, MS;
- *Ann K. Levy* von der Universität Florida;
- *Betty Raper*, Direktorin der Gibbs Magnet Schule für Internationale Studien und Fremdsprachen in Little Rock, AR, und ihr Fachbereich, insbesondere *Carolyn Blome, Susan Turner Purvis, Kristy Kidd, Kayren Grayson Baker, Bea Kimball, Sherry Weaver, Patricia Luzzi* und *Don Williams*;
- *Jane Beachboard* aus Little Rock, AR, deren weitreichende Erfahrungen im Bereich der Sonderpädagogik, profunde theoretische Kenntnisse und Sinn für Humor uns inspiriert haben;
- *Nancy Livesay* von SERVE (SouthEastern Regional Vision for Education); der Geisteswissenschaftlichen Beratung von Arkansas;
- alle Teilnehmer des ERIC (Early childhood listserve), (Elizabeth „lungerte" monatelang in dieser Diskussionsgruppe im Internet herum und lernte von jedem Beitrag etwas);
- *Cynthia Frost* und die Fernleihabteilung der Zentralbibliothek von Arkansas;
- *Kelly Qiunn* aus Little Rock, AR, und
- *Beverly Sandlin* vom Okaloosa-Walton Community College in Niceville, FL.

Widmung

Für Finos B. Johnson und Charles C. Grace
in Dankbarkeit für ihre Unterstützung.

Kapitel 1

Argumente für die Arbeit mit Portfolios

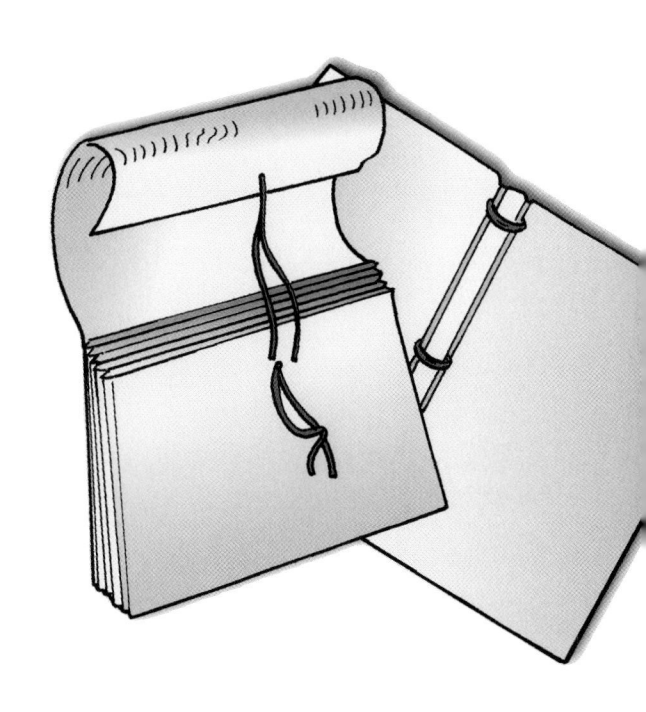

Warum eigentlich Portfolios?

Sie lesen dieses Buch vermutlich aus einem oder mehreren der folgenden Gründe:

- Sie fragen sich, was Portfolios eigentlich sind und wie Sie sie in Ihrem Unterricht, bzw. in Ihrer Einrichtung einsetzen können,
- Sie möchten Ihren Unterricht oder Ihre Arbeit im Kindergarten besser machen und den Kindern helfen, effektiver zu lernen,
- ein Kollege* hat Ihnen erzählt, dass Portfolios seine Klasse in einen wunderbaren Ort verwandelt haben, wo Kinder (und Lehrer/Erzieher) unaufhörlich denken, diskutieren, schreiben und lernen,
- Ihnen ist aufgefallen, dass Portfolios in Zeitschriften über Frühpädagogik, in Literaturlisten und Konferenzprogrammen große Aufmerksamkeit geschenkt wird und Sie möchten wissen, was es damit auf sich hat,
- die Betonung auf standardisierten Tests in der Frühpädagogik behagt Ihnen nicht und Sie möchten sich stattdessen stärker auf individualisierte Leistungsbewertung konzentrieren,
- Ihre Betreuungseinrichtung oder Schule hat Anweisungen „von oben", mit Portfolios zu arbeiten und Sie müssen sich rasch darauf einstellen.

Welche Gründe Sie auch immer haben mögen – wir sind froh, dass Sie unser Buch zur Hand genommen haben. Wir glauben, dass Sie unser **10-Schritte-Programm zur Arbeit mit Portfolios** in Kindergarten und Grundschule klar verständlich und realisierbar finden werden. Sie können es Schritt für Schritt umsetzen und sich sicher sein, dass Sie Fortschritte machen.

Warum unser Programm durchführbar ist? Die Antwort ist einfach: es lässt Sie in Ihrem **eigenen Tempo arbeiten** und es konzentriert sich darauf herauszufinden, wie **unterschiedlich Kinder sind**, anstatt zu beweisen, dass sie alle gleich sind.

Das **Portfolio-Buch** stellt Ihnen ein recht einfaches Verfahren vor, **wie** Sie Portfolios so **einsetzen** können, dass Sie Kindern, Lehrern, Erziehern und Familien helfen, **besser zu lernen**. Dabei sollen Portfolios sowohl ihrem ursprünglichen Zweck dienen als auch den einzelnen Lerner zu **Reflexion** und der **Formulierung von Zielen** ermutigen und **Eltern** durch häufige und vielfältige Kommunikation an Leistungsbewertung und Beurteilung **beteiligen**.

In diesem Buch konzentrieren wir uns auf die zahlreichen Wege, wie der einzelne Lehrer bzw. Erzieher und die Kinder durch den Einsatz von Portfolios **mehr lernen** können.

Mit dem 10-Schritte-Programm können Sie Portfolios nach und nach einführen. Sie können mit einem einzigen kleinen Schritt beginnen und das Programm im Laufe von zwei oder drei (Schul-)jahren abschließen.

Das 10-Schritte-Programm zur Arbeit mit Portfolios fördert
- individualisierten Unterricht für junge Kinder im Rahmen übergeordneter Lernziele,
- eine kontinuierliche berufliche Weiterbildung für Lehrer und Erzieher und
- eine weitreichende Einbindung der Familien in den Kindergarten- und Grundschulalltag ihrer Kinder.

---

* *Aus Gründen der besseren Lesbarkeit haben wir in diesem Buch durchgehend die männliche Form verwendet. Natürlich sind damit auch immer Frauen und Mädchen gemeint, also Lehrerinnen, Erzieherinnen, Schülerinnen etc.*

Die Hürde der schriftlichen Aufzeichnungen überwinden

Einer der Gründe, weshalb das 10-Schritte-Programm all dies möglich macht, ist die Tatsache, dass es den Pädagogen über ein Hindernis hinweghilft, das viele von uns aus der Bahn wirft: **schriftliche Aufzeichnungen**.

Tausende von Lehrern und Erziehern, die in ihrer Einrichtung mit Portfolios arbeiten wollten, haben voller Begeisterung begonnen, Arbeitsproben zu sammeln und sogar die Kinder bei der Arbeit zu fotografieren. Doch vielen von ihnen wurde die Arbeit zu umfangreich und schwierig, als sie situationsbezogene und systematische Beobachtungen verschriftlichen und Entwicklungsberichte verfassen sollten. Und das, obwohl der Wert solcher Aufzeichnungen unumstritten ist, dokumentieren sie doch die **einzigartigen Perspektiven** und **Einblicke** des Lehrers bzw. Erziehers und die **einzigartigen Interessen**, **Stärken** und **Bedürfnisse** des Kindes.

Warum wirkt sich die Notwendigkeit, schriftliche Aufzeichnungen zu machen, auf viele Pädagogen so lähmend aus? Ein Grund liegt darin, dass viele Lehrer und Rektoren den Unterricht einerseits und Leistungsbewertung und Beurteilung andererseits für gesonderte pädagogische Aktivitäten halten. Schriftliche Aufzeichnungen sind zeitraubend, und viele Lehrer sind nicht bereit, „zu viel Zeit" für die Leistungsbewertung aufzuwenden. Doch wir können diese Abläufe eigentlich **nicht voneinander trennen**! Leistungsbewertung, Beurteilung und Unterricht sind Teil eines ständigen Kreislaufes von Lehren und Lernen.

Wir vereinfachen alle Schreibarbeiten, die bei der Leistungsbewertung mit Portfolios anfallen, indem wir sie in **Einzelschritte** zerlegen. Wir führen Sie durch eine Reihe von praktischen Schritten, bei denen Sie **trainieren**, wie Sie Ihre Kinder beobachten und schriftliche Aufzeichnungen anfertigen können. Wenn Sie bei situationsbezogenen Beobachtungen (7. Schritt) und Entwicklungsberichten (8. Schritt) im 10-Schritte-Programm zur Arbeit mit Portfolios angekommen sind, sind Sie für schriftliche Aufzeichnungen gut vorbereitet. Darüber hinaus machen Ihre **erweiterten Schreibfähigkeiten** Sie zu einem besseren Lehrer für Schreibanfänger.

Dieses *1. Kapitel* im Portfolio-Buch vermittelt Ihnen einige **Hintergrundinformationen** zu Leistungsbewertung und Beurteilung.

Im *2. Kapitel* fassen wir zusammen, wie Portfolios das **schülerzentrierte Lernen** und den **entwicklungsgemäßen Ansatz** als Aspekte der Pädagogik unterstützen.

Im *3. Kapitel* beschreiben wir, wie Sie die **Einführung des 10-Schritte-Programms** vorbereiten können und im *4. Kapitel* geben wir Ihnen einen **Überblick** über ein **typisches Portfolio** und seinen Inhalt.

Im *5. Kapitel* führen wir Sie dann durch das **10-Schritte-Programm zur Arbeit mit Portfolios**, zeigen Ihnen, wie jeder Schritt die Einbindung von Familien fördert. Zudem zeigen wir auf, wie diese Beteiligung Lehrer/Erzieher und Eltern zu stärkeren Verbündeten machen kann. Wir erörtern, inwieweit die Leistungsbewertung durch Portfolios ein Programm zur Erneuerung und Anpassung ist, bei dem Lehrer und Erzieher neue Methoden testen und überarbeiten. Im Laufe des Programms wachsen zum einen Geschick und Erkenntnisreichtum der Lehrer/Erzieher, zum anderen lernen Kinder erfolgreicher und Eltern nehmen noch intensiver Anteil an der Entwicklung ihrer Kinder.

Unser 10-Schritte-Programm hat nichts Magisches an sich, aber es ist einfacher als die meisten Portfolio-Systeme. Zu diesen Systemen gehören meist zahlreiche komplizierte Vordrucke zur systematischen Aufzeichnung von Informationen darüber, inwieweit die Kinder einzelne Fähigkeiten, Fertigkeiten und Kenntnisse haben. Wir sind der Ansicht, dass einfachere Verfahren wie **Lerntagebücher**, **situationsbezogene Beobachtung** und **Interviews** Lehrern/Erziehern und Kindern die Möglichkeit geben, wichtige Informationen aufzuzeichnen und auf der Grundlage dieser Informationen neue **Lernziele** und **Pläne** aufzustellen. Außerdem machen diese einfachen Methoden es Ihnen möglich, Portfolios in den Unterrichts- und Kindergartenalltag einzubinden. Diese Portfolios können zu einem wesentlichen Element der **Lernergemeinschaft** (Erzieher/Lehrer, das Kind und die Erziehungsberechtigten) werden und nicht nur zu einem weiteren „methodischen Anhängsel".

Sobald Sie unsere einfachen Methoden beherrschen, ziehen Sie vielleicht in Erwägung, zusätzlich Aufzeichnungsstrategien aus anderen Systemen einzusetzen. Wir glauben jedoch, dass unser **System ausreicht**, um eine Lernergemeinschaft zu begleiten. Standardisierte Vordrucke zur Überprüfung des Entwicklungsstandes sowie Tests und Klassenarbeiten mögen zwar Vergleiche innerhalb eines Systems ermöglichen, doch sie bieten **nicht solch vielfältige** und **aussagekräftige Informationen über das einzelne Kind**.

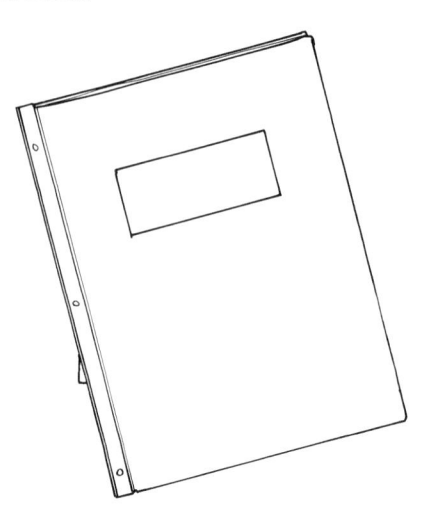

Portfolios unterstützen individuelles Lernen

Leistungsbewertung mit Portfolios kann und sollte die Aufmerksamkeit aller – Kinder, Lehrer/Erzieher und Familien – auf die wichtige Aufgabe des Lernens konzentrieren. Das Verfahren kann Fragen, Diskussionen, Spekulationen, Vorschläge, Analysen und Reflexionen anregen.

Die Portfolio-Methoden, die wir in diesem Buch vorstellen, legen wenig Gewicht auf **Schreibarbeit** und **standardisierte Leistungsmessung**, dafür aber um so mehr Gewicht auf das **Lernen** von Lehrern/Erziehern, Kindern und Eltern. Diese Ideen unterstützen den schülerzentrierten bzw. entwicklungsgemäßen Ansatz, der vielen von uns als „Projektmethode" bekannt ist. Durch Einzelgespräche mit Kindern und durch regelmäßige Beobachtung von Kindern können Lehrer und Erzieher die Themen und Fragen aufspüren, die Kinder interessieren und die sie zum Untersuchen und Experimentieren anregen.

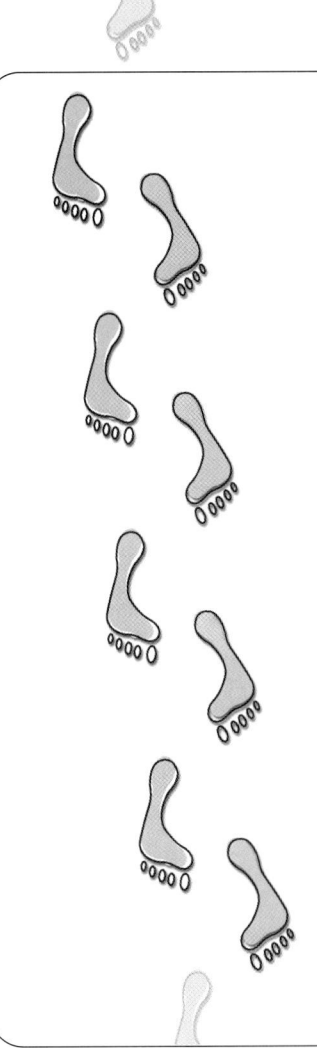

Das 10-Schritte-Programm zur Arbeit mit Portfolios

- **1. Schritt:** Eine Portfolio-Strategie formulieren
- **2. Schritt:** Arbeitsproben sammeln
- **3. Schritt:** Fotos machen
- **4. Schritt:** Lerntagebücher einsetzen
- **5. Schritt:** Kinder interviewen
- **6. Schritt:** Systematisch beobachten
- **7. Schritt:** Situationsbezogen beobachten
- **8. Schritt:** Entwicklungsberichte schreiben
- **9. Schritt:** 3-Parteien-Portfolio-Gespräche führen
- **10. Schritt:** Präsentations-Portfolios zusammenstellen

Wir haben das Programm zur Einführung von Portfolios in **zehn einfache Schritte** aufgeteilt. Wenn Sie sich nach und nach mit den Schritten vertraut machen, erscheint es Ihnen vielleicht zweckmäßig, **einzelne Schritte** miteinander zu **verbinden**.

So könnte die Tatsache, dass Lerntagebuchgespräche zu Interviews überleiten, Sie dazu bewegen, gesonderte Lerntagebuchgespräche bei einigen Kindern wegzulassen, während sie anderen Kindern weiterhin helfen, Aufgaben und Ziele im Auge zu behalten. Kinder entwickeln die Fähigkeit, ihre Arbeit zu reflektieren, mit unterschiedlicher Geschwindigkeit, so dass der Ablauf von Lerntagebuchgesprächen für einige hilfreicher ist als für andere. Ebenso könnten sich situationsbezogene Beobachtungen bei der Beurteilung von Kindern als besonders fruchtbar erweisen, die nicht gut auf die Interviewsituation ansprechen.

Diese Portfolio-Methoden sind **flexibel** zu handhaben und machen es Ihnen möglich, Ihre **Bewertungsstrategien** an die Gegebenheiten einzelner Kinder **anzupassen**.

Einführung des 10-Schritte-Programms

Das 10-Schritte-Programm zur Arbeit mit Portfolios ist so angelegt, dass Lehrer, Erzieher und Schulverwaltungen Portfolios allmählich einführen können.

Wir beginnen mit der **Formulierung einer Portfolio-Strategie**, ein wichtiger Schritt, den viele Einrichtungen in ihrer Eile, „etwas mit Portfolios zu machen", leider auslassen. Dann gehen wir weiter zu der einfachsten, am weitesten verbreiteten Portfolio-Methode: dem **Sammeln von Arbeitsproben**.

Schließlich führt unser 10-Schritte-Programm den Pädagogen zur letzten und wertvollsten Verwendungsmöglichkeit von Portfolios, dem Einsatz in **3-Parteien-Portfolio-Gesprächen**, die als Quellenmaterial für Entwicklungsberichte hilfreich sind.

Möglichkeit, einen Lernkreislauf in Gang zu setzen, der von der Einrichtung ins Elternhaus und wieder zurückführt. Für diejenigen Erzieher und Lehrer, die sich nicht regelmäßig mit den Familien austauschen, kann die Einbeziehung von Themen, Materialien und Projekten aus der Familie eine wertvolle Verbindung zwischen Einrichtung und Elternhaus schaffen.

Lernen, effektiver zu planen

Das 10-Schritte-Programm zur Arbeit mit Portfolios wird Ihnen helfen, die **kindliche Entwicklung** besser zu verstehen und Unterrichts- und Lernaktivitäten **effektiver** zu **planen**. Die Bedeutung, die der Beobachtung durch den Lehrer/Erzieher zukommt, wird außerdem Material für Workshops, Präsentationen, Artikel und sogar für Bücher hervorbringen.

Die Einbindung von Familien

Unser Programm weist ein weiteres charakteristisches Merkmal auf. Wir betonen, dass das Portfolio den Lernprozess für Eltern, Geschwister und andere Familienmitglieder öffnen und sie in den Alltag in Schule oder Kindergarten einbinden kann. Auf diese Weise dient das Portfolio als Instrument für die **familienzentrierte „Lehrplanentwicklung"**. Erzieher und Lehrer, die bereits in häufigem Kontakt zu den Familien ihrer Kinder stehen, sehen dies als

> *Simon interessierte sich immer schon* für Waren und Geld. Mathematische Zusammenhänge begriff er schnell und setzte seine Rechenfertigkeit ein, wenn er überlegte, welche Sachen er kaufen, verkaufen oder eintauschen könnte. Seine Mutter erkannte sein ernsthaftes Interesse an allem, was mit dem Einzelhandel zu tun hat, und sorgte dafür, dass er als „Lehrling" in einem kleinen Buchladen arbeiten durfte.
> Sie bezahlte den Buchhändler (in Restaurantgutscheinen) dafür, dass er dem Jungen erlaubte, sich im Laden aufzuhalten. Der Buchhändler zeigte Simon, wie er mit seltenen und gebrauchten Büchern handelte. Er erklärte ihm, welche Rolle die Großhändler im Buchhandel spielen. Er brachte ihm bei, wie man die Kasse bedient. Er half ihm sogar, einige Kreditkartentransaktionen mit Kunden durchzuführen. Simon lernte eine Menge über den Einzelhandel und über Bücher. Er war neun Jahre alt und ging in die vierte Klasse.

> *Im selben Jahr* erarbeitete Simons Lehrerin eine Unterrichtseinheit zum Thema „Von der Planung bis zum Verkauf von Produkten". Sie trug ihrer Klasse auf, eine fiktive Firma aufzubauen, dort etwas herzustellen und fiktive Geschäfte zu tätigen. Als Abschlussprojekt sollten die Kinder ihre Ergebnisse ansprechend im Klassenzimmer präsentieren.

⇩

> *Simons Mutter* erzählte der Lehrerin von den praktischen Einzelhandelserfahrungen ihres Sohnes und schlug vor, dass er sein Wissen in die Unterrichtseinheit einbringen könnte. Die Lehrerin entgegnete jedoch, dass die Erfahrungen des Jungen, die er bei der Arbeit im Laden gewonnen hatte, leider nicht in ihr Konzept für die Unterrichtseinheit passten. Es sei nicht möglich, dass er seine Kenntnisse in der Klasse weitergebe.

Bei einer Unterrichtsgestaltung mit Portfolios als einem selbstverständlichen Bestandteil hätte die Lehrerin sich die Tatsache zunutze gemacht, dass die Mutter Interesse daran hat, Simon beim Lernen zu unterstützen. Die Lehrerin hätte den Jungen angeregt, in einem Tagebuch oder einem Lerntagebuch etwas über seine Erfahrungen als „Lehrling" im Buchhandel zu schreiben. Sie hätte sein Fachwissen erkannt und respektiert und hätte ihn bei der weiteren Erkundung des Themas im Unterricht einbezogen.

Sinnvolle Leistungsbewertung mit Portfolios öffnet die Türen zwischen Schule oder Kindergarten und dem Elternhaus und hilft uns sicherzustellen, dass wir auf die **einzigartigen Stärken und Neigungen** eines jeden Kindes und einer jeden Familie aufbauen können, um so das Wachstum und die Entwicklung der Kinder zu fördern.

Weitere Überlegungen

Wir behaupten nicht, dass das 10-Schritte-Programm zur Arbeit mit Portfolios als Ersatz für breit angelegte standardisierte Leistungsmessung dienen kann. Ohne einen riesigen Berg an Arbeit für Lehrer und Schulverwaltung lassen sich Portfolios für diese Art der Leistungsmessung nicht einsetzen. Der Autor D. H. Graves[1] meint, dass Portfolios „einfach eine zu gute Idee" sind, als dass man sie auf standardisierte Sammlungen von Dokumenten reduzieren könnte, die mit der Absicht angelegt werden, Kinder untereinander oder an Leistungsstandards zu messen. Dieser Meinung schließen wir uns an. Die **Standardisierung von Portfolios** macht den **wahren Nutzen** von Leistungsbewertung mit Portfolios **zunichte**, die wie ein Rahmen oder Kontext für vertrautes, intensives, schülerzentriertes, handlungsorientiertes Lernen wirkt. Leider ist es durch die Leistungsbewertung mit Portfolios möglich, dort, wo Forderungen nach messbaren Daten bestehen, die Fortschritte von Kindern auf fest umrissenen Wegen klar zu erfassen und Kinder miteinander zu vergleichen. Gleichzeitig sollten wir jedoch noch mehr darauf hinarbeiten, Eltern über **Nutzen** und **Beschränkungen** unterschiedlicher Bewertungsstrategien aufzuklären, damit sie verstehen, dass ein standardisierter Test ihnen nichts Neues über ihre Kinder sagt, während ein Portfolio ihnen keinen Aufschluss darüber gibt, wo ihr Kind im Vergleich zu anderen Kindern in seiner Klasse, im Bundesland oder in der Republik steht.

Mit diesem Buch soll das Portfolio als eine Basis und ein Kontext für das Lernen herausgestellt werden, in dem eine Sammlung von Dokumenten die einzigartigen Erfahrungen und Fähigkeiten des einzelnen Kindes widerspiegeln.

Kapitel 2

Das Kind im Blick

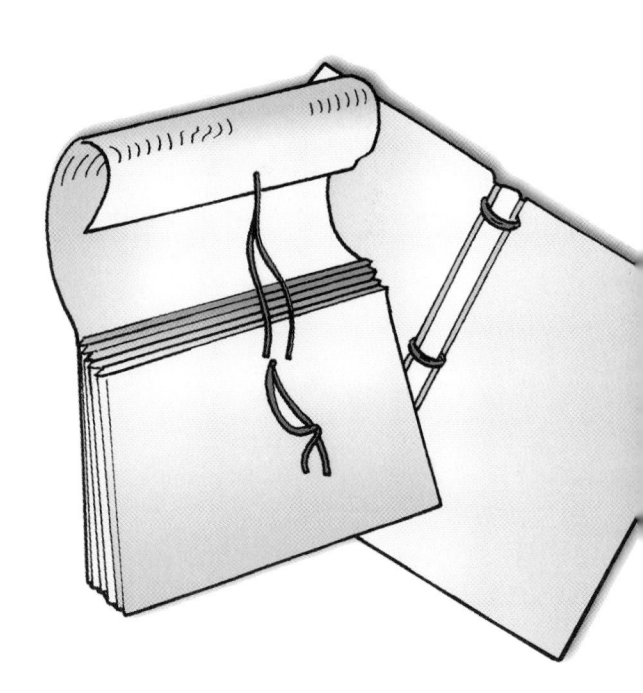

Individuelle Lernziele

Portfolios können die **kindliche Entwicklung** sowohl im sozio-emotionalen und körperlichen Bereich wie in schulischen Bereichen widerspiegeln und eignen sich daher besonders für das entwicklungs- und schülerzentrierte Lernen mit jungen Kindern. Für die meisten Lehrer und Erzieher ist dieses Lernen das wichtigste Ziel, das sie mit Portfolios verfolgen. Das 10-Schritte-Programm zur Arbeit mit Portfolios hilft dabei, dieses Ziel zu verfolgen. Zudem schafft es einen Rahmen, in dem Kinder und ihre Lehrer, Erzieher und Eltern sehr viel ausführlicher reflektieren und kommunizieren können.

> *Der siebenjährige Tim* ist innerhalb von einem halben Jahr viermal umgezogen. Er schreibt häufig etwas über sein „neustes Zuhause" in seinem Tagebuch. Auf Anregung seines Lehrers nimmt er die drei letzten Wohnungen in eine Themenliste in seinem Portfolio auf. Danach schreibt er einen sehr persönlichen Bericht über diese Wohnungen, in denen er gelebt hat. Er überarbeitet den Text und hängt ihn im Klassenzimmer aus.

Das Portfolio wird zu einem Kontext, in dem das Kind über Ideen und Kenntnisse nachdenken kann, die es **außerhalb des Klassenzimmers** erworben hat und bereichert so z.B. die Unterrichtsgespräche im Sitzkreis. Diese **Verbindung** zwischen **Schulalltag** und **Privatleben** eines Kindes wird zwar selten thematisiert, ist aber ebenso wichtig wie andere Kontakte zwischen Schule und Elternhaus.

Außerdem kann das Kind seine **Fortschritte** selbst reflektieren und entscheiden, was es als Nächstes lernen möchte. Diese Art der **Selbsteinschätzung** und unabhängigen **Entscheidungsfindung** stellt ein wesentliches Element des entwicklungs- und schülerzentrierten Lernens dar.

Die Leistungsbewertung mit Portfolios fördert, wenn sie konsequent angewandt wird, die Reflexion der Kinder über ihre eigenen Arbeiten und schlägt so die wichtige Brücke zwischen Themen (z.B. Tiere) und Erfahrungen (wie der Lebenszyklus eines Frosches), die die Grundlage für intellektuelles und kreatives Handeln darstellt.

Kinder, die daran gewöhnt sind, über all ihre Erfahrungen zu reflektieren, ihre Arbeitsproben selbst genau anzusehen und über ihre Fortschritte als Forscher, Autoren, Experimentatoren und Künstler nachdenken, lernen allmählich, **eigene Lernziele** zu formulieren. Natürlich bringen es die meisten Kinder nicht ohne Anleitung und Übung bis zu dieser wichtigen Art von Erfahrung. **Schritt 4** (S. 85 ff) und **Schritt 9** (S. 107 ff) des 10-Schritte-Programms zur Arbeit mit Portfolios schaffen die nötigen Lern- und Unterrichtsvoraussetzungen für eine **realistische Selbsteinschätzung** und **sinnvolle Lernzielformulierung**. (Oftmals können sich die Ziele, die sich die Kinder stecken, auf die weitere Unterrichtsplanung auswirken. Wenn mehrere Kinder dieselben oder ähnliche Ziele haben, können Sie eine kleine Lerneinheit planen, die die Kinder mit den nötigen Informationen und Kompetenzen ausstattet. Falls eine Reihe von Kindern zum Beispiel mehr über Eidechsen lernen möchte, nachdem ein Mitschüler ein Exemplar mit in die Klasse gebracht hat, würde sich eine Sitzung zur „Eidechsenforschung" anbieten. Hier könnten Sie den Kindern zeigen, wie und mit welchen Medien sie mehr über das Thema herausfinden können (Internet, Sachbücher, Enzyklopädien).

Sie könnten aber auch Bücher über Eidechsen in den Unterricht mitbringen und die Kinder anregen aufzuschreiben, zu diktieren oder zu malen, was sie in den Büchern gelesen oder gesehen haben. Auf diese Weise verknüpfen Sie die Fähigkeit zu recherchieren mit einem von den Kindern in Gang gebrachten Projekt – und das alles angeregt durch die Beiträge von Kindern im Rahmen des Portfolio-Programms.

Was müssen wir über Kinder wissen?

Drei Arten von Informationen halten wir für die Planung von Lernerfahrungen junger Kinder für entscheidend:
1. Kenntnisse über das einzelne Kind,
2. Kenntnisse über die kindliche Entwicklung und
3. Kenntnisse über Vielfalt, also über den sozialen und kulturellen Hintergrund von Kindern.

In diesem Kapitel wollen wir erläutern, wie die Leistungswertung mit Portfolios Informationen zu jeder der drei Kategorien liefert, und beginnen mit den Bedürfnissen des einzelnen Kindes in der Gruppe.

1. Kenntnisse über das einzelne Kind

Portfolios liefern den Rahmen für eine Reihe von direkten Kontakten mit jungen Kindern und ihren Familien. Diese Begegnungen im Kindergarten oder in der Grundschulklasse sind Gelegenheiten, nicht nur mehr darüber zu erfahren, **wie Kinder lernen**, sondern auch über ihre einzigartigen **Fähigkeiten**, **Interessen** und **Bedürfnisse**. Mit jeder Begegnung erweitern Sie Ihre Kenntnisse über die einzelnen Kinder und damit auch Ihre Fähigkeit, fundierte Pläne zu machen und Entscheidungen zu treffen.

Wenn Sie dem Portfolio-Programm folgen, wie es in diesem Buch beschrieben wird, stärken Sie allmählich Ihre Beziehung zu jedem einzelnen Kind und seiner Familie. Kinder zu beobachten, sie zu kennen und zu verstehen, bildet die **Grundlage für erfolgreiche Lernsituationen**, erfolgreichen **Unterricht**, für realistische **Leistungsbewertungen** und **Beurteilung** sowie die **Einbindung** der Familien.

Die Leistungsmessung mit Portfolios kann Lehrern helfen, **Differenzierungsmaßnahmen** für einzelne Kinder vorzunehmen, selbst im konventionellen, lehrbuchorientierten, lehrerzentrierten Grundschulunterricht.

Der Nutzen von Portfolios ist jedoch dort viel größer, wo Erzieher bzw. Lehrer die Kinder und ihre Eltern in **echte Lernergemeinschaften** einbinden. In diesen Situationen werden die Portfolios zu Bezugspunkten für Kinder und Eltern, zur Sammelstelle für Informationen über den Entwicklungsstand und zur Bestätigung für Lerner, die eine Phase der Entmutigung durchleben.

2. Kenntnisse über die kindliche Entwicklung

Umfangreiches Wissen über die **Besonderheiten der frühkindlichen Entwicklung** in allen Bereichen (sozio-emotional, körperlich und schulisch) ist eine wesentliche Grundvoraussetzung für die kompetente Betreuung und Erziehung von jungen Kindern. Selbstverständlich weiß kein Lehrer oder Erzieher alles über die Entwicklung von Kindern, über Familienstrukturen, kulturelle Vielfalt, die Berücksichtigung spezieller Bedürfnisse oder gar Lernstile. Daher ist eine **kontinuierliche Weiterbildung** für Pädagogen von besonderer Bedeutung. Portfolios unterstützen eine stetige berufliche Entwicklung, weil sie so viele ergiebige und wichtige Themen anschneiden, aus denen sich für Lehrer und Erzieher Anhaltspunkte für eigene Nachforschungen ergeben. Wie das geschieht? Die Arbeit mit Portfolios führt dazu, dass Lehrer und Erzieher die Ereignisse in Kindergarten und Grundschule ständig beobachten und beurteilen:

- Ist diese Aktivität bei allen Kindern erfolgreich verlaufen?
- Warum haben einige Kinder nicht auf die Aktivität angesprochen?
- Warum beschäftigt sich dieses Kind so intensiv mit einer bestimmten Aktivität, und wie sollte ich darauf reagieren?

Je mehr ein Lehrer oder Erzieher von der Entwicklung eines Kindes sieht, umso mehr muss er in der Lage sein zu verstehen. Wenn sich zum Beispiel zeigt, dass es einigen Kindern nicht gelingt, mündliche Anweisungen zu befolgen, ist klar, dass eine andere Form der Anweisung in den Unterricht integriert werden muss. Diese Schlussfolgerung wiederum sollte den Lehrer anregen, sich darüber zu informieren, wie Kinder lernen. Auf diese Weise führt das Beobachten zur Weiterentwicklung und Erprobung **unterschiedlicher Lehrmethoden** und gibt den Anstoß zum **Nachlesen** und **Nachforschen**. Den „Rohstoff" für solche Überlegungen bietet die Fülle von Dokumentationsmaterial, das bei der Leistungsbewertung mit Portfolios zusammengetragen wird.

3. Kenntnisse über Vielfalt

Für die pädagogische Praxis bedeutet die Arbeit mit Portfolios eine Konzentration auf die Bedürfnisse und Stärken des einzelnen Kindes und eine Einbindung der Familien in das Unterrichtsgeschehen und den Lernprozess des Kindes. Dadurch fördern Portfolios eine größere **kulturelle Vielfalt** und eine stärkere Unterstützung von Kindern mit besonderen Bedürfnissen.

Portfolios helfen Lernergemeinschaften – Gemeinschaften, denen Eltern und Kinder mit anderer Muttersprache, mit Körper- oder Lernbehinderungen und mit anderen Familienstrukturen, Kulturen oder Lebensweisen angehören können und sollten. Eine erfolgreiche Einbindung der Familien führt automatisch zu kultureller Vielfalt in frühpädagogischen Einrichtungen, weil jede Familie anders ist. Selbst wenn die Bevölkerung ziemlich homogen ist, was den ethnischen Hintergrund, das Einkommen, die Religionszugehörigkeit und andere Faktoren angeht, gibt es Unterschiede: in der Familienstruktur, bei Hobbys und Interessen und auch im Hinblick auf körperliche Fähigkeiten.

Bei der Leistungsbewertung mit Portfolios dient die Einbindung der Familien nicht nur der Förderung und Verwirklichung von kultureller Vielfalt unter den Kindern.

Portfolios fordern geradezu, dass wir die **Perspektive der Kinder** einbeziehen und dadurch in den Lernergemeinschaften für eine Sensibilisierung und ein Bewusstsein für die Verschiedenheit von Erfahrungen, Interessen und Meinungen sorgen.

Der **individuelle Lernstil** ist ein wichtiger Aspekt von Vielfalt. Junge Kinder lernen auf sehr unterschiedliche Arten, wobei Sprache, kognitiver Stil, Geschlecht, Temperament und andere Faktoren eine Rolle spielen. Die Leistungsbewertung mit Portfolios gibt Lehrern und Erziehern die Möglichkeit, mehr über den Lernansatz des einzelnen Kindes zu erfahren. Sie gewöhnen sich daran, regelmäßig zu beobachten und gewinnen dabei immer mehr Erkenntnisse darüber, **was** ein Kind zum Lernen **motiviert**, **wie** es **lernt** und **wie** man es richtig **beurteilen** kann. Dieser Aspekt macht die Leistungsbewertung mit Portfolios zu einem wertvollen Instrument für echte kulturelle Vielfalt in Kindergarten und Grundschule.

Die Leistungsbewertung mit Portfolios weist ein drittes Merkmal auf, das neben Reflexionen der Kinder und Beobachtungen der Lehrer förderlich für die Vielfalt ist. Das Sammeln von Arbeitsproben, Fotos von sperrigen oder dreidimensionalen Arbeiten und Vorführungen, Audio- und Videoaufnahmen und anderen Dokumenten macht es Kindern, Lehrern und Eltern möglich, Beweise für unterschiedliche Bereiche der Intelligenz aufzubewahren, darunter der linguistische, logisch-mathematische, räumliche, körperlich-kinästhetische, musikalische, inter- und intrapersonale Bereich etc. Auf diese Weise können die Kinder auch dann ihre Fortschritte zeigen, wenn sie eine andere Muttersprache haben.

Die Leistungsbewertung mit Portfolios gibt Kindern darüber hinaus verschiedene Möglichkeiten, wie sie ihre **Beherrschung von Schlüsselqualifikationen** unter Beweis stellen können.

Familien ins 10-Schritte-Programm einbinden

Junge Kinder wachsen und entwickeln sich als Mitglieder einer Familie. Daher muss die frühkindliche Bildung Eltern und andere Familienmitglieder mit einbeziehen. (Familienstrukturen variieren und können Eltern und andere Erziehungsberechtigte, Großeltern, Pflegeeltern, andere Erwachsene oder auch ältere Geschwister einschließen, die Anteil am Aufwachsen und der Entwicklung der Kinder nehmen. Der Einfachheit halber bezeichnen wir die große Vielfalt der möglichen Familienmitglieder im Folgenden als „Eltern".)

Die Einbeziehung von Familien in die frühkindliche Erziehung und Bildung geschieht traditionellerweise durch **mündliche oder schriftlichen Mitteilungen** vom Lehrer/Erzieher an die Eltern oder durch **formelle Elterngespräche**. Die Nachrichten an die Eltern durch Lehrer und Erzieher reichen von Berichten zum Schlafrhythmus eines Säuglings über Verhaltensbeobachtungen bis hin zu Beurteilungszeugnissen (im Primarbereich). Es ist wichtig, dass Pädagogen diese Informationen an die Eltern weitergeben, doch für eine vollständige Einbindung der Familien sind sie **nicht ausreichend**.

Es ist ganz wichtig, dass Erzieher und Lehrer die **Eltern als Partner** in die Arbeit des Kindergartens oder der Schule einbeziehen. Das bedeutet, dass wir alle Veränderungen im Unterrichts- und Betreuungskonzept erläutern und vertreten müssen.

In anderen Worten: **Änderungen in Leistungsbewertung und Unterricht müssen mit einer völlig anderen Einbindung der Familien einhergehen.**

Mit Familien kommunizieren

Glücklicherweise können Portfolios ein Instrument von unschätzbarem Wert sein, wenn es darum geht, Familien in den Alltag in Schule oder Betreuungseinrichtung einzubinden: So unterstützen gute Portfolios die **traditionelle Methode** der **Lehrermitteilung**, in schriftlicher und mündlicher Form und im Rahmen eines formellen Elterngesprächs. Dieses Buch nennt zahlreiche Wege, wie die Dokumente in den Portfolios der Kinder eingesetzt werden können, um mit Eltern zu kommunizieren. Arbeitsproben, Lehrerbeobachtungen und Reflexionen der Kinder gehören zu den Materialien, an denen man Eltern auf unterschiedliche Weise teilhaben lassen kann.

Es ist sehr wichtig, **verschiedene Strategien zur Einbindung von Familien** anzuwenden, denn eine einzige Strategie, die auf alle Familien passt, gibt es nicht. Einige Strategien empfehlen sich besonders bei Eltern mit begrenzten Sprachkenntnissen, eingeschränkter Lesefähigkeit oder einfach schlechten Erinnerungen an ihre eigene Schulzeit.

Ein ebenso wichtiger Aspekt der Arbeit mit Portfolios, wie sie in diesem Buch beschrieben wird, ist die **Vorbereitung** der Lehrer/Erzieher und Schüler auf Gespräche mit Eltern, die wesentlich ergiebiger und sinnvoller sind als die traditionellen Elterngespräche. Das Gespräch zwischen Lehrer/Erzieher, Eltern, Schüler, das wir der Einfachheit halber das „**3-Parteien-Portfolio-Gespräch**" nennen wollen, ist ein wichtiges Element des allgemeinen Systems der Leistungsbewertung und Familienbeteiligung. Es stellt sicher, dass der Lehrer/Erzieher, der Elternteil und das Kind mehrere Male im Jahr die gesamte Entwicklung des Kindes besprechen können.

Familienzentrierte „Lehrplanentwicklung"

Unserer Meinung nach noch wichtiger für eine nachhaltige Reform der Leistungsbewertung ist die Tatsache, dass Portfolios die familienzentrierte „Lehrplanentwicklung" fördern können. So wie das einzelne Kind mehr und mehr in der Lage ist, an der Steuerung seines Lernprozesses teilzuhaben, haben die Eltern neue Möglichkeiten, sich an der Entwicklung des „**individuellen Lehrplanes**" ihres Kindes zu beteiligen.

Der gesamte „individuelle Lehrplan" bietet mit Themen, die aus dem Umfeld der Familien stammen und dadurch den Forderungen nach einem entwicklungsgemäßen Ansatz entsprechen, immer wieder Möglichkeiten, die Familien einzubinden. Wenn die Nachforschungen und Interessen der Kinder in erweiterte, individuelle Projekte münden, entstehen reichlich Gelegenheiten für Sie als Lehrer/Erzieher mit den Familien in Kontakt zu treten und sie für das Projekt zu gewinnen. Dadurch können Sie die Lernergemeinschaften unterstützen und die Eltern entwickeln ein stärkeres Vertrauen in Ihre Arbeit. Der familienzentrierte „Lehrplan" ist ein bedeutsamer Schritt über die Grenzen der traditionellen Methoden der Familieneinbindung hinaus. Dabei unterstützt das 10-Schritte-Programm zur Arbeit mit Portfolios die kontinuierliche Kommunikation zwischen Kind, Familie und Lehrer/Erzieher, die einen solchen „individuellen Lehrplan" möglich macht.

Ihre Ziele als Lehrer/Erzieher sollten deshalb sein:

▷ die Leistungsbewertung und einen Unterricht mit Portfolios einzuführen,
▷ die Bemühungen ausweiten, Familien einzubinden.

Dies sind große Ziele, die kein Erzieher oder Lehrer schnell erreichen kann. Um ein Ziel, gleich welcher Art, zu erreichen, muss man **klare und realistische Etappenziele formulieren** und dann einen **Zeitplan** zu ihrer Verwirklichung aufstellen. Das Portfolio-Programm erlaubt Ihnen, die Leistungsbewertung mit Portfolios allmählich und erfolgreich anzuwenden. Während der Arbeit mit dem Programm können Sie auch die Einbindung von Familien in den Schulalltag so verändern, dass die Eltern Leistungsbewertung und Unterricht ihrer Kinder mit Portfolios verstehen, unterstützen und aktiv daran teilnehmen. Dieses Programm zeigt Ihnen zahlreiche einfache Wege auf, wie Sie die Familien einbeziehen können. Da sich die Familien in ihrem Bedürfnis, beteiligt zu werden und in ihren Möglichkeiten teilzunehmen, unterscheiden, müssen erfolgreiche Betreuungseinrichtungen und Schulen **viele verschiedene Gelegenheiten für ihre Einbindung** bieten.

Dieses Programm schließt eine weitreichende Familienbeteiligung mit ein. Es beginnt mit den Ausstellungen von Arbeitsproben über das Mitgeben von Fotos (die Lernaktivitäten dokumentieren) bis hin zur Einladung an Familienmitglieder, bei besonderen Projekten mitzumachen. Einige Methoden zielen vor allem auf Familien mit beschränkter Lesefähigkeit oder Mobilität oder einem begrenzten Zeitbudget ab.

Zu jedem der zehn Schritte unseres Portfolio-Programms (siehe Kapitel 5, S. 72 ff) gehört ein Kasten mit der Überschrift „Familien einbeziehen!"

Darin finden Sie einfache Vorschläge, wie Sie Ihre neuen Portfolio-Kompetenzen einsetzen können, um Familien weiter einzubinden. Denken Sie daran, dass gute frühpädagogische Einrichtungen und Schulen eine große Bandbreite an Möglichkeiten einsetzen, um die Familien aller Kinder teilhaben zu lassen. Einige dieser Möglichkeiten eignen sich für Eltern, die zu Hause arbeiten, während andere auf Haushalte zugeschnitten sind, in denen beide Eltern berufstätig sind. Einige der Ideen kommen den Bedürfnissen sehr einkommensschwacher Familien entgegen, andere dagegen weniger. Es ist wichtig, in dem Bemühen, **alle Familien zu erreichen**, so viele Wege wie möglich auszuprobieren.

Portfolios können eine Lerngemeinschaft, der Familienmitglieder angehören, sinnvoll unterstützen, vor allem, wenn sie Teil des Leistungsbewertungsteams sind, das die Fortschritte des einzelnen Kindes beurteilt und neue Lernaktivitäten zur Erreichung bestimmter Ziele plant.

Die Einbeziehung von Familien durch Portfolios kann in drei Stufen geschehen:

▷ **Erste Stufe:** Familienmitglieder stellen Materialien, Informationen zur Verfügung und helfen bei Untersuchungen zu Themen, die der Lehrer/Erzieher auswählt.

Ein Beispiel:
Jana beschreibt in ihrem Lerntagebuch, wie sie mit ihrem Großvater einen Stuhl gebaut hat. Daraufhin lädt der Lehrer den Großvater ein, im Unterricht vorzumachen, wie man Möbel baut. **Hier geht die wesentliche Initiative vom Lehrer aus:** Er spricht Familienmitglieder an und bittet um praktische Beiträge. Damit geht er zwar über die traditionelle Methode zur Einbindung von Familien hinaus, bei der die Eltern über die Fortschritte ihrer Kinder informiert werden, räumt ihnen aber nicht den Status von Partnern ein.

▷ **Zweite Stufe:** Familienmitglieder beteiligen sich an Unterrichtsplanungen zur regionalen Ortskunde oder Geschichte oder regional ansässigen Künstlern.

Ein Beispiel:
Während der Freiarbeit stellt der Lehrer vielleicht fest, dass einige Kinder sich über eine Überschwemmung unterhalten, die sich kürzlich in der Nähe der Schule ereignet hat. Er nimmt Kontakt mit einem Elternteil auf, der etwas zu der Überschwemmung sagen kann, und bittet ihn, bei der Planung einer Unterrichtseinheit zu Überschwemmungen zu helfen. **Der Lehrer übernimmt weiterhin die Initiative bei der Einbindung der Eltern in das Unterrichtsgeschehen.**

▷ **Dritte Stufe:** Die Eltern übernehmen eine Vermittlerrolle in der individuellen Lehrplangestaltung ihrer Kinder und benennen Themen und Informationsquellen, die den aktuellen Lernbedürfnissen ihres Kindes entsprechen.

Ein Beispiel:
Janine bringt Fotos von ihrem kleinen Hund mit, um sie den anderen Kindern im Sitzkreis zu zeigen. Ihre Mutter gibt ihr eine Nachricht an den Lehrer mit, in der sie berichtet, dass ihre Tochter großes Interesse an Hunden einwickelt hat. Sie bittet, Janine erzählen zu lassen, was sie über Hunde gelernt hat. An diesem Punkt in der Entwicklung eines familienzentrierten „Lehrplans" ist der Lehrer sehr empfänglich für Vorschläge von Eltern, und so fordert er Janine auf, in ihrem Lerntagebuch zusammenzufassen, was sie zu diesem Thema weiß. Anschließend kann sie den anderen Kindern im Plenum darüber berichten. **Die Eltern haben zu diesem Zeitpunkt den Status vollwertiger Partner in der kontinuierlichen Beurteilung der Interessen und Bedürfnisse ihres Kindes erlangt.**

Berufliche Weiterbildung: Wie Portfolios Lehrern und Erziehern helfen zu lernen

Die kontinuierliche Leistungsbewertung mit Portfolios kann eine **Erweiterung der Kenntnisse** und **Kompetenzen** fördern, die ein Pädagoge braucht. Dazu gehören entwicklungspsychologisches Wissen, eine große Bandbreite an Interview- und Beobachtungsstrategien, die Fähigkeit, die Lernumgebung an die Bedürfnisse des einzelnen Kindes anzupassen, Methoden der schülerzentrierten und entwicklungsgemäßen „Lehrplanentwicklung" und Techniken zur Verknüpfung von Familienleben und Schule oder Kindergarten, bei der die Familien am Alltag ihrer Kinder Anteil nehmen und die Kinder den familiären Alltag in das Unterrichtsgeschehen einbringen.

Portfolios und berufliche Weiterbildung

Portfolios stellen auch einen Kontext für die berufliche Weiterbildung dar. Sie bieten Strategien für Aktionsforschung und für die Beantwortung von Fragen zu Lehrplan, Lernarrangements, Unterrichtsmethoden, Verhaltensweisen, Einbeziehung von Familien und anderen wichtigen Themen. Durch ihre Konzentration auf die Interessen, Fortschritte und Bedürfnisse des einzelnen Kindes bewirken Portfolios einen **Wandel in der Lern- und Unterrichtskultur**. Sie können mehrere verschiedene entwicklungsgemäße Unterrichtsmethoden unterstützen, darunter die Projektmethode, Werkstattarbeit, jahrgangsübergreifendes Lernen (offene Schuleingangsphase) und Unterrichtsmethoden, die verschiedene Lerntypen der Kinder berücksichtigen.

Warum ein Pädagogisches Tagebuch wichtig ist

Ein Pädagogisches Tagebuch zu führen ist eine der Methoden, mit denen man **Reflexion** und **Selbsteinschätzung** anregt. Es kann ein wertvolles Element sowohl in der Leistungsbewertung mit Portfolios als auch in Ihrer eigenen beruflichen Entwicklung darstellen. Es bietet Ihnen den Rahmen für Gedanken über Ihre täglichen Beobachtungen, für Notizen zu Plänen, Vorbereitungen und Themen, wie sie sich aus Ihrem Berufsalltag ergeben. Da Sie in einem solchen persönlichen Tagebuch außerdem üben können, über Ereignisse im Leben der Kinder zu schreiben, ist es eine wichtige Vorbereitung auf die schriftlichen Aufzeichnungen, die das 10-Schritte-Programm mit sich bringt.

Unterrichtsforschung

Die bloße Anwendung von Portfolios stellt eine Form von Aktions- oder Unterrichtsforschung dar. Als Lehrer oder Erzieher experimentieren Sie ständig mit neuen Lern-, Unterrichts-, Bewertungs- und Beurteilungsmethoden. Wenn Sie herausfinden, mit welchen Methoden Sie am besten arbeiten können, trägt das zum **Erfolg Ihrer** gesamten **Schule oder Einrichtung** bei. Auf diese Weise fördern Portfolios nicht nur die kontinuierliche berufliche Weiterentwicklung, sondern wirken sich auch günstig auf die Beurteilung einer Einrichtung aus. Grundsätzlich fördert die Leistungsbewertung mit Portfolios bei allen Mitgliedern der Lernergemeinschaft – Kindern, Lehrern, Erziehern, Schulleitern und Familien – die Bereitschaft zu Reflexion und Kommunikation.

Weitere Überlegungen

Eine Erzieherin notierte in ihrem Pädagogischen Tagebuch, wie der 4-jährige Matthias und der 2-jährige Leon sich auf die Suche nach Insekten begaben:

Wie hat der Tagebucheintrag der Erzieherin Ihrer Meinung nach das individuelle Lernen unterstützt? Was hat sie über Matthias und Leon erfahren? Waren ihre Beobachtungen der Kinder Anstoß zu neuen Ideen? Was, glauben Sie, hat die Erzieherin als Nächstes getan?

> 23.01.05
>
> Matthias und Leon zeigten Interesse an dem Thema „Behausungen" für Insekten und für eine neue Lupe.
> Sie wollten sofort losziehen, und ich folgte ihnen.
> Unter Baumstämmen entdeckten wir eine ganz respektable Ansammlung von Asseln, kleinen Schnecken, Würmern, Ameisen und Spinnen.
> Die Jungen probierten alle Ausrüstungsgegenstände aus. Später nahm Matthias Leon zu einer ausgiebigen Expedition zum Raupensuchen mit.
> Dabei bestand die Ausrüstung aus einer Schere, mit der die Kinder die Zweige, auf denen Raupen saßen, abschnitten. Zudem nahmen sie einen Eimer mit, in dem sie die Zweige samt Raupen sammelten.

Schlussbemerkung

Das Portfolio-Programm, das wir in unserem Buch beschreiben, stellt sowohl eine **Unterrichtsmethode** als auch eine **Methode der Entwicklungs- und Leistungsbewertung** bei Kindern dar. Auch wenn einige vom Lehrer/Erzieher bewusst initiierte Aufgaben und/oder von Kindern angeregte Arbeiten nach herkömmlichen Kriterienrastern benotet werden können, verfolgen die meisten Arbeiten im Portfolio-Programm den Zweck, das tägliche Lernen junger Kinder auf entwicklungsgemäße Weise zu unterstützen. Außerdem helfen sie der gesamten Lernergemeinschaft, darunter Lehrern/Erziehern, anderen Pädagogen und Familienmitgliedern. Aus diesem Grund sagen wir, dass das 10-Schritte-Programm zu praktischer Leistungsbewertung und der Einbindung von Familien führt.

Im nächsten Kapitel schildern wir, wie Sie Vorbereitungen für das 10-Schritte-Programm zur Arbeit mit Portfolios treffen können.

Kapitel **3**

So bereiten Sie sich vor

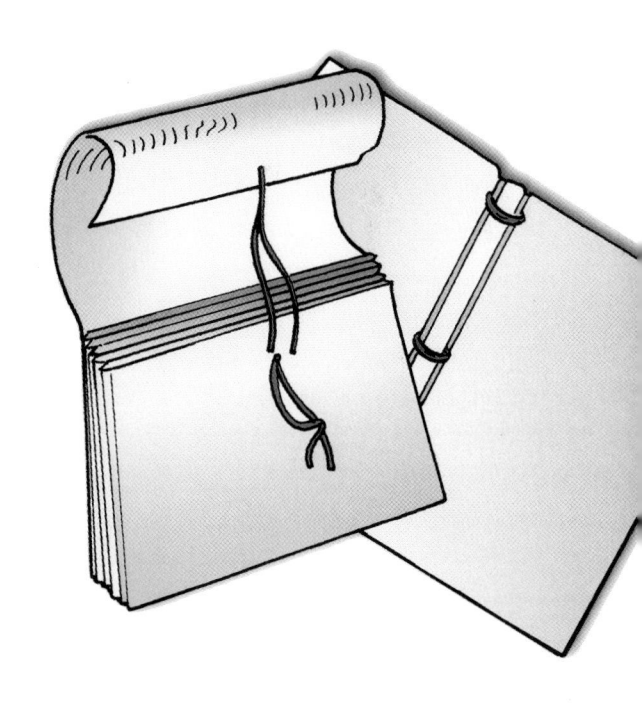

Startüberlegungen

Es gibt **mehrere Möglichkeiten**, wie Sie das 10-Schritte-Programm zur Arbeit mit Portfolios vorbereiten können. In diesem Kapitel geben wir Ihnen ein paar Anregungen. Es ist nie nur ein einziger Grund, der den Anstoß zur Arbeit mit Portfolios gibt, und außerdem eignen sich verschiedene Methoden für den Anfang.

> *Die Leiterin einer Grundschule* lädt ihr Kollegium ein, sich einer Diskussionsgruppe zu Portfolios anzuschließen. Sie gibt allen Lehrern Gelegenheit, auf unterschiedliche Weise mit Portfolios zu experimentieren. Sieben von den 25 angesprochenen Lehrern nehmen das Angebot an. Eine Lehrerin beschließt, ihren naturwissenschaftlichen Unterricht durch praktische Anschauung zu bereichern, und überlegt dann, welche Portfolio-Methode ihren Absichten am ehesten entgegenkommt.
> Einige Lehrer der zweiten Klassen möchten herausfinden, was ihre Schüler während der Pause erleben, und vereinbaren, sich bei situationsbezogenen Beobachtungen der Aktivitäten der Kinder abzuwechseln.
> Eine Pädagogin entscheidet sich dafür, ihre Kinder während der Arbeit in den Lernstationen der Klasse zu fotografieren, um zu dokumentieren, wie viele unterschiedliche Lernaktivitäten stattfinden. Ihre Absicht ist es, den Nutzen der Lernstationen in ihrem Werkstattunterricht für die Kinder zu bewerten und zu beurteilen.

Mit der Anwendung von Portfolios können Sie jederzeit beginnen. Vielleicht richten Sie in Ihrem ersten Jahr mit Portfolios Ihr Augenmerk auf die Beherrschung von **ein oder zwei Methoden**. Je mehr Schritte des 10-Schritte-Programms Sie hinzufügen, umso mehr werden Sie über die Bedürfnisse und Fortschritte des einzelnen Kindes lernen. Mit jedem weiteren Schritt werden Sie mehr von der Entwicklung und dem Lernen der Kinder in Ihre Bewertungsmethoden einbeziehen. Das führt dazu, dass die Portfolios immer mehr Informationen über die Lernfortschritte des einzelnen Kindes als auch über den Erfolg Ihrer Arbeits- und Unterrichtsmethoden widerspiegeln werden. Im Laufe der Zeit überlegen Sie möglicherweise, mit anderen Lehrern zusammenzuarbeiten und Präsentations-Portfolios zusammenzustellen, die den Lernstand des einzelnen Kind anhand von repräsentativen Arbeitsproben dokumentieren. Sie möchten vielleicht einige Methoden aus anderen Programmen oder sogar Elemente kommerzieller Portfolio-Systeme ganz oder teilweise übernehmen.

Bei jedem Schritt des 10-Schritte-Programms regen wir Sie an, sich klarzumachen, **was** Sie **bewerten** wollen und **wie dieser Schritt** Ihnen dabei **helfen** kann.

Die Lehrer in diesem Szenario unternehmen unterschiedliche Schritte, um Portfolios anzuwenden. Die Arbeiten in den Portfolios der Kinder werden unterschiedlich sein. In jedem Fall machen die Pädagogen einen Schritt hin zu einer Form der Leistungsbewertung, die ergiebiger, intensiver und sinnvoller ist als traditionelle Tests und lehrbuchgestützte Klassenarbeiten.

Dieses Programm will die Entwicklungs- und Leistungsbewertung mit Portfolios vereinfachen und das Augenmerk auf Reflexion und Kommunikation der Lerner, Lehrer/Erzieher und Familien richten. Was die Frühpädagogik und Grundschulpädagogik lebendig macht, ist das ständige Geben und Nehmen zwischen Lehrern/Erziehern, Lernern und Familien – eine Kommunikation, die alle einbezieht und gemeinsame Ziele anstrebt.

Vorbereitungen

Die Abfolge der Schritte in unserem 10-Schritte-Programm ist so angelegt, dass Sie **nach und nach immer komplexere Aufgaben** bewältigen. Unsere Erfahrungen lassen diese Abfolge für uns sinnvoll erscheinen, doch es mag sein, dass Sie die Reihenfolge, in der Sie die Schritte vollziehen, verändern möchten. Wir empfehlen jedoch, dass Sie sich mit dem Schritt, bei dem Kinder und Eltern an der Bewertung von ganzen Portfolios beteiligt werden, etwas Zeit lassen (siehe Schritt 9, S. 107 ff).

Dieses Programm erlaubt Ihnen, die Leistungs- und Entwicklungsbewertung mit Portfolios in Phasen einzuführen. Einige Lehrer beginnen ihre Portfolio-Arbeit lieber erst mit einer kleinen Gruppe und nicht gleich mit der ganze Klasse. Wir halten diese Vorgehensweise für hilfreich, wenn Sie anfangen, **systematische Beobachtungen** zu machen. Im Allgemeinen können die 10 Schritte aber gleich mit der **ganzen Klasse oder Lerngruppe** durchgeführt werden.

Wenn wir das Portfolio in der Früh- und Grundschulpädagogik mit einem Haus vergleichen, stellen **Arbeitsproben** und Fotos die **Fenster** des Hauses dar und **schriftliche Aufzeichnungen** bilden das **Fundament**. Schriftliche Aufzeichnungen für Portfolios in der Früh- und Grundschulpädagogik zu machen hat Ähnlichkeit mit der Arbeit eines Zeitungsreporters. Man muss Notizen zu dem machen, was man herausfindet und die Ergebnisse dann in einer Form präsentieren, die klar und für den Leser (z.B. ein Elternteil, ein Schulleiter, ein künftiger Lehrer/Erzieher) brauchbar ist. Wenn Sie die Aufgabe, über den Alltag in Ihrer Einrichtung oder Klasse zu schreiben, in Einzelschritte aufteilen, wird das Verfahren handhabbar.

Das 10-Schritte-Programm zur Arbeit mit Portfolios ist dabei so angelegt, dass Sie Ihre schriftlichen Fähigkeiten allmählich steigern können.

● Eine Menge lesen!

Nehmen Sie sich jeden Tag ein wenig Zeit, **Fachliteratur und Bücher** zu lesen, die Sie nach Ihren **persönlichen Interessen** aussuchen. Lesen Sie Bücher oder Artikel über Pädagogik, aber lesen Sie auch zum Spaß. Weichen Sie von Ihren Lesegewohnheiten ab und versuchen Sie es mit Bilderbüchern, Zeitungen und Zeitschriften für Kinder. Fragen Sie sich beim Lesen: „Finde ich hier, was ich wissen möchte oder muss? Habe ich andere Artikel oder Bücher gelesen, die besser oder schlechter waren als dieses hier?" Achten Sie auf den **Aufbau** und den **Stil von Zeitschriftenartikeln**. Gibt es Unterüberschriften? Nennt der Autor seine wesentlichen Ideen mehr als einmal? Ist sein Ton freundlich oder autoritär?

● Mit Schreiben anfangen!

▷ Führen Sie ein **privates Tagebuch** über Ihre Hobbys oder Ihre Familie. Benutzen Sie anfangs bekannte Wörter und einige kurze, einfache Sätze. Um die Überarbeitung Ihrer eigenen Einträge zu üben, lesen Sie jeden Tag den Eintrag vom Vortag und bearbeiten Sie ihn. Streichen Sie Wiederholungen durch. Fügen Sie Informationen oder Kommentare hinzu, um einen Eintrag zu ergänzen. Suchen Sie sich dann einen **Schreibpartner** und tauschen Sie regelmäßig Ihre Tagebücher aus (z.B. per E-Mail). Reagieren Sie schriftlich auf die Tagebucheinträge Ihres Schreibpartners. Sind sie klar? Interessant? Beantworten sie alle Ihre Fragen?

▷ Als Nächstes schreiben Sie **Literaturkommentare**. Verfassen Sie eine kurze Notiz an einen Verwandten oder einen Freund über einen Roman, den Sie gern gelesen haben. Oder hängen Sie z.B. Ihre Anmerkungen zu einem kürzlich erschienenen Fachartikel am schwarzen Brett im Lehrerzimmer aus.

▷ Legen Sie ein **Pädagogisches Tagebuch** an. Stellen Sie es sich so vor, als würden Sie Mitteilungen an sich selber richten: kurze, tägliche Notizen über das, was Sie im Kindergarten oder in der Schule vorhaben, was funktioniert hat, was nicht funktioniert hat, und Fragen, die sich aus dem Alltag ergeben.

Machen Sie mentale Dehnübungen! Stellen Sie sich Fragen wie:

> *Jans Mutter scheint ständig sauer auf mich zu sein. Was ist da los?*

> *Ich frage mich, warum Adelia nie in die „Hörecke" geht.*

> *Warum habe ich solche Schwierigkeiten, die Aufmerksamkeit der Kinder während des Plenums zu fesseln?*

Dann überlegen Sie, wie Sie die Antworten finden können. Wenn Sie beginnen, Informationen zur Beantwortung dieser Fragen zu sammeln, kann dies der Anfang von Entwicklungs- und Leistungsbewertung mit Portfolios sein – eine neue Form der Leistungsbewertung, die Ihren individuellen Bedürfnissen entgegenkommt. Wenn Sie zuvor kein großer Schreiber waren, bereiten Sie sich mit einem **Tagebuch** für private Zwecke auf die schriftlichen Aufzeichnungen in den Portfolios der Kinder vor.

Wir empfehlen, dass Sie ein **Ringbuch** oder einen **Planer** benutzen oder irgendein Buch, das reichlich Platz für Notizen in vielen Rubriken bietet. Legen Sie Abteilungen für tägliche Tagebucheinträge und Erledigungslisten an. Bewahren Sie es in **greifbarer Nähe** auf, so dass Sie Ideen schnell aufschreiben können.

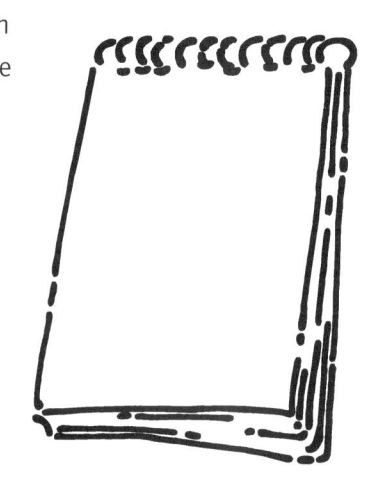

Wenn Sie ein Pädagogisches Tagebuch beginnen, sollten Sie sich gleichzeitig einen **Tagebuchpartner** oder **Mentor** suchen. Bitten Sie ihn, Ihr Tagebuch in regelmäßigen Abständen zu lesen, vielleicht einmal in der Woche, und schriftliche Anmerkungen zu machen. Ein guter Mentor wird Ihre Tagebucheinträge ehrlich kommentieren, auf unklare Formulierungen und diffuse Gedanken hinweisen. Das hilft Ihnen bei Ihrer Entwicklung als Schreiber und als selbstkritischer Pädagoge. Nach einiger Zeit kann Ihr Mentor die Rolle eines Portfolio-Partners einnehmen, mit dem Sie regelmäßig über diese neue Form der Entwicklungs- und Leistungsbewertung sprechen können. Die Liste auf Seite 31 macht deutlich, wie Sie ein Pädagogisches Tagebuch anlegen können.

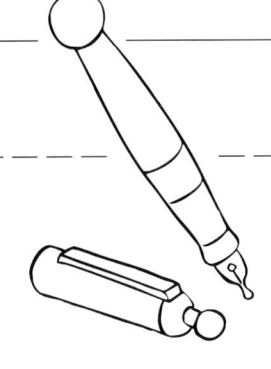

Ein Pädagogisches Tagebuch führen

Ein **Pädagogisches Tagebuch** anzulegen ist die beste Vorbereitung für das **10-Schritte-Programm** zur Arbeit mit Portfolios. Mit diesem Tagebuch, in dem Sie über Ihre Arbeit schreiben, leisten Sie auf **zweierlei Arten Vorbereitungsarbeit** für die Entwicklungs- und Leistungsbewertung mit Portfolios:

- Sie beginnen zu überlegen, wie Sie die Entwicklung und das Lernen der Kinder fördern können.
- Sie beginnen zu schreiben.

Wie Sie feststellen werden, ist die **Reflexion** das Herzstück der Bewertung mit Portfolios:

- das einzelne Kind reflektiert seine eigene Arbeit und seine Ziele,
- die Eltern und andere Familienmitglieder reflektieren, was ihre Kinder lernen und tun,
- Sie reflektieren.

Schreiben stellt bei der Leistungsbewertung mit Portfolios die **zentrale Aufgabe** dar. Von Beschriftungen der Arbeitsproben über situationsbezogene Beobachtungen bis zu Entwicklungsberichten – tägliche Schreibarbeiten gehören zum Programm.

Ein Pädagogisches Tagebuch hilft Ihnen beim Einüben dieser Fertigkeiten. Wenn Sie schon einmal ein Tagebuch geführt haben oder gewöhnt sind, Briefe an Freunde oder Verwandte zu schreiben, können Sie gleich mit Ihrem Pädagogischen Tagebuch beginnen. Wenn nicht, liefern Ihnen die folgenden **Fragen** vielleicht einige Schreibanregungen:

1. Was war das erfolgreichste Ereignis des Tages?
2. Hatte heute ein Kind in meiner Klasse/Gruppe ein Aha-Erlebnis?
3. Hat ein Kind einem anderen Kind etwas beigebracht?
4. Haben Kinder interessante Fragen gestellt, die zu Untersuchungen oder Projekten führen könnten?

Sie könnten auch über ein einzelnes Kind oder eine kleine Gruppe schreiben.
Beantworten Sie die folgenden **Fragen:**

1. Welche Lernaktivität war heute bei (David) erfolgreich?
2. Hat (David) heute in einem speziellen Bereich Fortschritte gezeigt?
Wenn ja: welche Aktivitäten, Materialien oder Interaktionen haben diese Fortschritte gefördert?
3. Hatte (David) heute irgendwelche Probleme?

Die Konzentration im Pädagogischen Tagebuch auf ein Kind oder eine Gruppe ist eine gute Vorbereitung, systematische Beobachtungen zu verschriftlichen.

Wenn Sie Ihr Pädagogisches Tagebuch zu einer ständigen Einrichtung gemacht haben und mindestens ein paarmal pro Woche Einträge darin machen, könnten Sie einen anderen Lehrer oder Erzieher bitten, es zu lesen und schriftlich zu kommentieren. **Fragen** Sie Ihren Kollegen:

1. Sind meine Schilderungen von Ereignissen im Unterricht/bei der Arbeit in der Gruppe klar und vollständig?
2. Stelle ich mir gute Fragen zu diesen Ereignissen?

Eltern in die Leistungsbewertung mit Portfolios einbinden

Dadurch, dass Portfolios Kindern, Eltern und Lehrern zahlreiche Gelegenheiten eröffnen, über das Lernen zu kommunizieren, fördern sie die Entwicklung familienzentrierter „Lehrpläne", denn jeder der zehn Schritte des Portfolio-Programms bezieht Eltern und Kinder in die **Reflexion über die Arbeit und die weitere Zielsetzung** ein. Darüber hinaus weisen wir darauf hin, wie wichtig es ist, Eltern und andere Familienmitglieder in jeder Phase einzubinden, wenn Sie die Entwicklungs- und Leistungsbewertung mit Portfolios umsetzen. Der Schlüssel zu einer erfolgreichen Reform der Leistungsbewertung in der Pädagogik liegt in der echten Information und Einbindung der Eltern in möglichst **viele Aspekte** des Lernalltags.

Wenn Sie beginnen, Leistungsbewertung und -beurteilung zu ändern, beispielsweise durch die Art, **wie** Sie die Eltern über Fortschritte ihrer Kinder **informieren**, ist es wichtig, den Eltern die Veränderungen **im Vorhinein** zu erläutern. Bei jedem Schritt, den Sie im Portfolio-Programm weitergehen, erklären Sie den Eltern die neue Methode in einem Brief, mit einer Präsentation oder in anderer Form. Die Eltern sollten bereits wissen, dass Sie dabei sind, Ihre Methoden der Entwicklungs- und Leistungsbewertung auszuweiten und daran arbeiten, mehr über die Lernstile und -bedürfnisse ihrer Kinder zu erfahren.

Einige Eltern haben sich die Portfolios ihrer Kinder sicherlich bei Besuchen in der Klasse/Gruppe angesehen. Wir hoffen, dass es für Sie bei traditionellen Elterngesprächen zur gängigen Praxis gehörte, ausgewählte Arbeiten aus Mappen der Kinder zu zeigen. Wenn Sie die Anzahl und die Art der Arbeiten ausweiten, die Sie in Portfolios sammeln, haben Sie mehr Material, das Sie bei traditionellen Elterngesprächen mit den Eltern anschauen und besprechen können. Sie können die Gespräche nutzen und erläutern, wie die Materialien Ihnen helfen, die Entwicklung der Kinder besser zu verstehen.

Leistungsbewertung zu Hause

Sie können die Eltern einbinden, indem Sie sie bitten, **Informationen zu sammeln**. Eltern sind wichtige Quellen bei der entwicklungsgemäßen Leistungsbewertung junger Kinder, weil sie die Möglichkeit haben, Kinder in ihrer natürlichen Umgebung zu beobachten, von denen Lehrer und Erzieher ausgeschlossen sind. Sie können den Eltern viele Arten von Instrumenten zur Verfügung stellen, die sie für die Leistungsbewertung zu Hause anwenden. Vielleicht stellen Sie selbst eine einfache **Checkliste von Fähigkeiten oder Neigungen** zusammen, anhand derer die Fortschritte der Kinder mehrmals im Jahr überprüft werden.

Checklisten für Eltern können auch indirekt Anregungen darstellen, im Elternhaus mehr entwicklungsgemäße Möglichkeiten zum Spielen und Lernen zu bieten. Siehe hierzu die Checkliste „Wie ich dich liebe? Lass mich erzählen wie!", die Sie kopieren und an die Eltern verteilen können (siehe Seite 33).

Eine **Checkliste** mit Haushaltsgegenständen wie Schalen und Becher, die sich ineinander stapeln lassen und an denen Kinder lernen können, gibt Eltern die Möglichkeit, ihr **Zuhause als Lernumgebung** zu sehen und einzuschätzen. (Zum Spaß könnten Sie diese Checkliste als „Flohmarkt-Einkaufsliste" anbieten. Seien Sie kreativ! Schicken Sie den Eltern ein Flugblatt mit der Liste auf S. 34 oder mit Ihrer eigenen Zusammenstellung.)

Wie ich dich liebe? Lass mich erzählen wie!

Wir spielen zusammen

- ☐ Ich frage: „Was könnten wir zusammen machen?"
- ☐ Ich lasse mein Kind bestimmen, wenn wir spielen.
- ☐ Ich lobe mein Kind für seine Fantasie und sein gutes Benehmen beim Spielen.
- ☐ Ich kritisiere mein Kind nicht, wenn wir spielen.
- ☐ Ich spiele oft mit meinem Kind.
- ☐ Wir spielen drinnen und draußen, im Auto und im Bus, mit Spielsachen oder nur mit unserer Fantasie.

Wir sprechen miteinander

- ☐ Ich spreche mit meinem Kind über das, was wir gerade machen.
- ☐ Ich spreche mit meinem Kind, über das, was wir sehen.
- ☐ Ich frage mein Kind was es über bestimmte Dinge denkt.
- ☐ Ich denke laut nach, wenn wir zusammen sind. So sage ich zum Beispiel: „Es ist besser, wenn ich bremse, denn wir fahren den Hügel hinunter." Oder: „Es ist schon nach zehn. Der Postbote müsste bald kommen." Oder: „Ich frage mich, was als Nächstes in der Geschichte passiert. Meinst du, der Junge findet seinen kleinen Hund?"

Wir lesen zusammen

- ☐ Ich lese die Lieblingsbücher meines Kindes oft vor.
- ☐ Ich spreche manchmal über Figuren und Geschichten aus unseren Lieblingsbüchern, auch wenn wir gerade nicht vorlesen.
- ☐ Ich leihe oft Bücher aus der Bücherei oder von Freunden und Nachbarn.
- ☐ Wir lesen verschiedene Arten von Büchern: Bilderbücher, Bücher mit Gedichten und Liedern, Zahlenbücher und sogar Bücher für Erwachsene über Kunst oder Naturwissenschaften.
- ☐ Wir lesen manchmal etwas in Wörterbüchern, Enzyklopädien oder anderen Nachschlagewerken nach.
- ☐ Ich erzähle meinem Kind von den Büchern und Zeitschriften, die ich selbst zum Vergnügen lese.

Einkaufsliste für den Flohmarkt

Die besten „Lernspielzeuge" sind gar nicht teuer. Halten Sie die Augen offen nach Spielsachen und anderen Gegenständen, mit denen Ihr Kind sich zu Hause vergnügen und an denen es lernen kann.

Klassische Spielzeuge

- ☐ Stapelbecher
- ☐ Bauklötze
- ☐ große Perlen
- ☐ Sachen zum Verkleiden
  (Hüte und Sonnenbrillen nicht vergessen!)
- ☐ _____

„Haushaltsabfälle"

- ☐ Schraubverschlüsse (zum Stapeln, Sortieren und Ineinanderlegen)
- ☐ Pappschachteln in verschiedenen Größen
  (für Puppenhäuser oder Ähnliches)
- ☐ Plastikschüsseln
- ☐ Löffel
- ☐ Becher
- ☐ alte Zeitschriften
- ☐ _____

Andere Gegenstände

- ☐ Maßbänder
- ☐ Außenthermometer
- ☐ Fernglas
- ☐ Lupe
- ☐ Pipette
- ☐ Pinzette
- ☐ Mikroskop
- ☐ _____

Weitere Überlegungen

Die beiden Lehrerinnen im Beispiel unten tauschten sich bei ihren regelmäßigen Begegnungen über ihre Beobachtungen aus.
Wie könnte Ihrer Meinung nach ein Tagebuch diese Art von beruflicher Entwicklung fördern?
Kennen Sie einen Kollegen, der Ihr Partner werden könnte?
Wie würden Sie den Austausch von Tagebüchern für die berufliche Weiterentwicklung organisieren?

> **Margaret M. Voss und Laura Mansfield** arbeiteten beide an derselben Grundschule. Als Frau Mansfield sich entschloss, in ihrem Unterricht mit Portfolios zu arbeiten, um besser verstehen zu können, welche Fortschritte ihre Erstklässler beim Schreiben machten, übernahm Voss die Rolle der Beobachterin. In der Zeit von Februar bis Mai hospitierte sie zweimal in der Woche in der Klasse.
> Sie und Mansfield sprachen auch regelmäßig über die Methoden, die Mansfield ausprobierte. Später beschrieb Voss die Erfahrung der gemeinsamen Reflexion: „Nach den meisten meiner Besuche in der Klasse unterhielten wir uns kurz in ihrer Mittagspause oder später am Telefon. Ich versuchte, eher Beobachter und nicht so sehr Teilnehmer zu sein, obwohl ich Laura auch ein paar Materialien zum Lesen gab, und wenn sie mich nach meiner Meinung fragte, sprach ich die Dinge mit ihr durch. Ich ließ sie aber eher ihre eigenen Vorstellungen formulieren und hielt mich mit meinen Ideen zurück. Manchmal schlug ich Alternativen vor, die sie in Betracht ziehen könnte, denn ich wollte sehen, wie ihre Entscheidungen von ihren Erfahrungen im Unterricht beeinflusst wurden." [2]

In diesem Kapitel haben wir beschrieben, wie Sie die Entwicklungs- und Leistungsbewertung mit Portfolios vorbereiten können. Überdenken Sie unsere Vorschläge. Sprechen Sie sie mit einem Portfolio-Partner durch, falls Sie einen Partner haben.

Kapitel 4

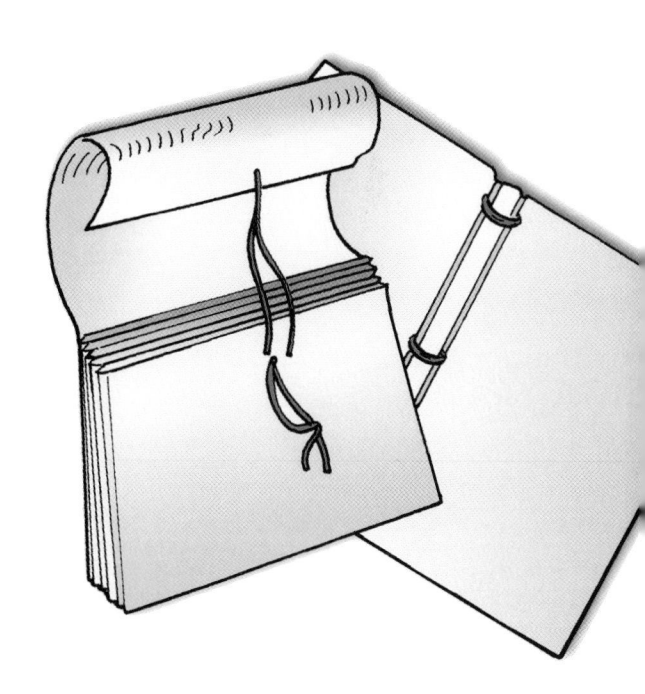

Das Portfolio und sein Inhalt

Was sind Portfolios?

Immer wieder taucht die Frage auf: „Was gehört in ein Portfolio?" Tatsächlich ist kein Portfolio wie das andere, denn die Kinder sind unterschiedlich und folglich müssen ihre Lernaktivitäten auch unterschiedlich sein. Ebenso sollte kein Lehrer/Erzieher versuchen, ein Portfolio genau wie das eines Kollegen zusammenzustellen, auch wenn beide grundsätzlich die gleichen Portfolio-Methoden anwenden.
Die beste Antwort, die wir geben können, ist die:

> *Ein Portfolio ist eine Zusammenstellung von Dokumenten, die im Laufe der Zeit verschiedene Aspekte der Entfaltung und Entwicklung eines Kindes aufzeigen.*

Sie können sich bei diesen Zusammenstellungen zunächst auf eine einzige Dokumentenart beschränken, zum Beispiel auf Arbeitsproben. Allmählich erweitern Sie dann die Portfolios und nehmen andere Dokumentenarten auf. Auf diese Weise haben Sie Zeit, jede neue Methode der Entwicklungs- und Leistungsbewertung auszuprobieren, anzupassen und genau kennen zu lernen, bevor Sie zur nächsten weitergehen.
Das 10-Schritte-Programm zur Arbeit mit Portfolios erlaubt Ihnen, mit jeder Art von Bewertung mit Portfolios Erfahrungen zu machen und die Methode herauszufinden, die zu Ihrem Unterricht, zu ihren Lernangeboten und zu ihrer Einrichtung passt.

In diesem Kapitel erläutern wir die **drei Arten von Portfolios** und stellen dann die unterschiedlichen Dokumente vor, die darin gesammelt und aufbewahrt werden können.

Portfolio-Arten

Die drei Arten von Portfolios sind:
- das private Portfolio
- das Lern-Portfolio
- das Präsentations-Portfolio

Bei der ersten Portfolio-Art, dem **privaten Portfolio**, handelt es sich um etwas, das es in Ihrem Unterricht wahrscheinlich schon gibt. Das **Lern-Portfolio** regt zu tief greifenderer Reflexion und Kommunikation innerhalb Ihres Unterrichts/Ihres Lernangebotes und mit den Eltern an. Sein Einsatz wird Ihnen am meisten Spaß machen und es wird sich auch am meisten lohnen. Das **Präsentations-Portfolio** ist eine komprimierte Version der ersten beiden Portfolios. Es hilft künftigen Lehrern und Erziehern, das jeweilige Kind besser zu verstehen.
Diese drei Portfolios überlappen sich teilweise in ihren Funktionen, sind aber ansonsten voneinander abgegrenzt. Bei der Arbeit mit diesen drei Portfolios teilen Sie Ihre Aufzeichnungen zu den einzelnen Kindern und die Arbeiten der Kinder auf die Portfolios auf. Damit stellen Sie sicher, dass vertrauliche Informationen geschützt sind, die Kinder ständigen Zugang zu aktuellen Projekten haben und wichtige Arbeitsproben nicht verloren gehen.

Das private Portfolio

Als Lehrer oder Erzieher haben Sie sich immer schon **Aufzeichnungen** zu Ihren Kindern gemacht. Einige dieser Aufzeichnungen wie die Krankheitsgeschichte eines Kindes oder die Telefonnummern von Eltern sind vertraulich. **Vertraulichkeit** bleibt ein wichtiger Faktor, wenn Sie anfangen, weitere Arten von Aufzeichnungen hinzuzufügen. Vermutlich möchten Sie situationsbezogene, systematische und fortlaufende Beobachtungen und Notizen zu Elterngesprächen getrennt von den Lern-Portfolios der Kinder aufbewahren. Diese Aufzeichnungen werden zwar nicht in den Lern-Portfolios der Kinder abgelegt, stellen aber einen wesentlichen Teil der Entwicklungs- und Leistungsbewertung mit Portfolios dar, weil sie die Fortschritte des einzelnen Kindes im Laufe der Zeit belegen. Jede Art von schriftlicher Aufzeichnung vertieft und erweitert Ihr Wissen über ein Kind. Allerdings möchten wir darauf hinweisen, dass Entscheidungen über Einstufungen oder andere Angelegenheiten im Bezug auf Kinder nicht auf der Grundlage nur einer Art von Aufzeichnung gefällt werden können.

> *Die privaten Portfolios der Kinder sollten in einem **verschließbaren** Schubfach oder Schrank aufbewahrt werden, um die **Privatsphäre** der Kinder und ihrer Familie zu schützen.*

Das Lern-Portfolio

Dies ist das umfangreichste Portfolio, und es ist das Portfolio, das Sie und die Kinder am häufigsten benutzen werden. Es enthält **Notizen**, **Entwürfe** und **Skizzen** zu laufenden Projekten, **Arbeitsproben** aus jüngster Zeit und das **Lerntagebuch** des Kindes. Wenn Sie anfangen, offizielle Lerntagebuchgespräche mit den Kindern zu führen, ist dies die Mappe, auf die Sie und das Kind sich beziehen. Unterschriftenmappen bzw. Mappen mit mehreren unterteilten Fächern eignen sich gut als Lern-Portfolios, weil sie robust sind und der Inhalt so vorsortiert werden kann. Die Kinder können sie in eigenen Ablagen verwahren oder in alphabetischer Reihenfolge in ein niedriges Regal stellen.

> *Denken Sie daran: **das Lern-Portfolio enthält die Sammlung des Kindes.***

Das Präsentations-Portfolio

Arbeitsproben mit Schlüsselcharakter, die wesentliche Fortschritte oder andauernde Probleme dokumentieren, gehören in das Präsentations-Portfolio. Anfangs werden Sie sicherlich derjenige sein, der diese Arbeiten auswählt. Irgendwann können die Kinder und auch ihre Eltern Arbeiten für das Präsentations-Portfolio aussuchen. Ausgewählte **Fotos** und **Aufzeichnungen** sowie Kopien Ihrer **Entwicklungsberichte** sollten ebenfalls zu dieser Sammlung gehören. Das Präsentations-Portfolio wird am Ende Ihrer gemeinsamen Zeit mit dem Kind an den nächsten Lehrer/Erzieher weitergereicht. Die Weitergabe kann durch Sie, das Kind oder die Eltern erfolgen.

Ein **Vorzug des Präsentations-Portfolios** ist die Tatsache, dass die Kinder und die künftigen Lehrer einen Überblick über ihre zurückliegenden Arbeiten bekommen können und sich daraus vielleicht Anstöße für neue Projekte ergeben. So mag eine Lehrerin im Kindergarten-Portfolio Themen für Tagebucheinträge von Kindern finden:
Wenn Lisas Portfolio ein Bild aus dem vergangenen Jahr enthält, auf dem sie ihren neugeborenen Bruder gemalt hat, könnte ihre Lehrerin eine Zeichnung oder eine diktierte Schilderung vorschlagen, die zeigt, wie das Baby gewachsen ist.
Wenn der Entwicklungsbericht über Fabian eine Vorliebe für die Felix-Geschichten von Annette Langen erkennen lässt, schlägt ihm sein Lehrer in der zweiten Klasse vielleicht vor, einen Bericht über die ganze Serie des Hasen Felix zu schreiben. (Verabschieden wir uns von der Vorstellung, dass man „abguckt", wenn man Arbeiten aus dem vergangenen Jahr heranzieht! Ermuntern wir die Kinder lieber, auf die Fundamente ihres Wissens und ihrer Interessen zu bauen!)

Wenn Ihre Einrichtung oder Ihre Schule beginnt, mit Portfolios zu arbeiten, ist es wichtig, eine **klare Strategie** zu formulieren, welche Arten von Dokumenten in private Ablagen gehören und welche Ablagen die Kinder ansehen und benutzen dürfen. Sie sollten auch schriftlich vereinbaren, dass die Portfolios den Kindern gehören (oder ihren Eltern oder Erziehungsberechtigten) und festlegen, wann das Präsentations-Portfolio an das Kind übergeben wird.

Ein Wort zu **digitalen Portfolios**: Lehrer/Erzieher und Kinder können viele der Portfolio-Arbeiten, die wir in diesem Buch beschreiben, auf einer CD-ROM oder Diskette abspeichern und auf dem Computer wieder aufrufen. Dies sind interessante Systeme, allerdings sind **digitale Portfolios** für die meisten Lehrer und Erzieher nicht geeignet, weil sie zu teuer sind und viel Zeit in Anspruch nehmen. Ein weiterer Punkt, den es zu bedenken gilt, ist die Frage, ob Eltern Zugang zu solchen Portfolios haben. In diesem Buch geht es um einfache, alltagstaugliche Portfolio-Methoden, die die Beteiligungsmöglichkeiten von Familien erweitern sollen. Daher lassen wir elektronische Systeme unberücksichtigt.

tigen wir uns neben Arbeitsproben auch mit **Lerntagebüchern**, **Fotos**, **schriftlichen Aufzeichnungen** und **Audio- und Videoaufnahmen**.

Der Lehrer, der entscheidet, welche Arbeiten in einem Portfolio gesammelt werden sollen, handelt wie der Verwalter eines Museums. Er braucht ein System, das sich aus seinen Forschungs- und Unterrichtszielen ergibt. Auf der Grundlage eines solchen Systems wird der Verwalter eines Museums für Plantagenwirtschaft keine Möbel aus der viktorianischen Epoche als Schenkung akzeptieren, so gut der Zustand dieser Möbel auch sein mag. Ein Pädagoge wird bei seinen Entscheidungen von seiner **Portfolio-Strategie** geleitet, so dass jede Arbeit in jedem Portfolio einen bestimmten Zweck erfüllt. Im fünften Kapitel bieten wir Ihnen als Muster eine Portfolio-Strategie für den Bereich Kindergarten und Grundschule an (siehe Seiten 74–75).

Dokumente im Portfolio

Was die Portfolios der Kinder enthalten, ist allein durch ihre Kreativität beschränkt. Wie Sie der nachfolgenden Erörterung entnehmen können, ist die Bandbreite der Dokumente, die Sie sammeln und aufbewahren können, um die Entwicklung von Kindern zu dokumentieren, sehr groß. Ein gutes Portfolio zu öffnen ist für Kinder, Eltern, Lehrer und Erzieher so, als würde man eine Schatztruhe aufklappen. Einige Arbeiten bringen uns zum Lachen oder Lächeln, einige Arbeiten wecken Erinnerungen und einige Arbeiten werden junge Lerner (und ihre Eltern und Lehrer!) inspirieren, neue Aufgaben anzugehen oder alte noch einmal auszuprobieren. Alle Dokumente liefern Informationen über die Entfaltung und Entwicklung des einzelnen Kindes.

Die typischen Dokumente sind **Arbeitsproben**, und davon stellen **Zeichnungen** und **schriftliche Arbeiten** den größten Anteil. Das Portfolio wird jedoch reichhaltiger und nützlicher, wenn andere Arten von Dokumenten hinzukommen. In diesem Abschnitt beschäf-

Arbeitsproben der Kinder

Wenn die Reflexionen der Kinder, Eltern und Lehrer/ Erzieher über das Lernen das Herzstück der Leistungsbewertung mit Portfolios darstellen, bilden die Arbeitsproben das Rückgrat. Die **Originalzeichnungen**, **schriftlichen Arbeiten** und **dreidimensionalen Werke** von Kindern sind handfeste Beweise für ihre kognitive Entwicklung und ihre gestalterischen Fähigkeiten. Wenn sie über einen gewissen Zeitraum hinweg gesammelt und beurteilt werden, machen sie die Fortschritte der Kinder deutlich.

Judy Taylor, Lehrerin in einer ersten Klasse, beschreibt, wie sie die Arbeitsproben eines Kindes durchsah, die im Laufe eines Jahres zusammengekommen waren. Das Kind war (...) *„fast der schlechteste Schüler in der ganzen Klasse. (...) Als ich mir seine gesammelten Arbeitsproben noch einmal ansah, konnte ich zweifelsfrei eine Entwicklung feststellen. Je genauer ich hinsah und je mehr ich mich auf das besann, was ich über die Entwicklung der Schreibfertigkeit wusste, umso dramatischer erschienen mir seine Fortschritte."* [3]

Einer der spannendsten Vorzüge des Sammelns von Arbeitsproben im Rahmen einer Entwicklungs- und Leistungsbewertung mit Portfolios ist die Tatsache, dass sie nicht nur Erzieher und Lehrer bestätigt, die schon nach dem entwicklungsgemäßen Ansatz arbeiten, sondern gleichzeitig andere ermuntert, damit anzufangen. Denn schließlich können Sie keine **authentischen Arbeitsproben** sammeln, wenn die Kinder nicht schöpferisch tätig werden. So wird Ihr Unterricht oder Ihre Arbeit in der Gruppe durch das Sammeln von Arbeitsproben über Arbeitsblätter und über Bastelarbeiten hinausgeführt, die alle gleich aussehen.

Außerdem konserviert das Sammeln von Arbeitsproben **primäre Informationsquellen**, die den Fortschritt der Kinder dokumentieren. Primärquellen bestehen aus originalem, unverändertem Material wie Zeichnungen, Briefen und Geschichten in ihrem ursprünglichen Zustand. Im Gegensatz dazu zählen Leistungsmessungen und -vergleiche wie traditionelle Tests zu den **Sekundärquellen**. Sie stellen eine Interpretation der Lernleistung durch einen anderen dar und liefern nicht den Beweis selbst. Um etwas Neues zu entdecken, müssen Forscher Primärquellen finden und deuten, und so ist das Sammeln von Arbeitsproben ein guter Schritt in der Frühphase der Leistungsbewertung mit Portfolios. Es gibt Lehrern/Erziehern die Möglichkeit, etwas Neues über die Bedürfnisse und Interessen jedes einzelnen Kindes herauszufinden. Im Rahmen des Kindergartens und der Grundschule werden zu den Arbeitsproben in einem facettenreichen Portfolio neben künstlerisch gestalteten Objekten auch **diktierte** oder **selbst verfasste Schriftstücke** gehören, die die Entwicklungsstufe der Literalität der Kinder dokumentieren. Im Idealfall diktieren oder schreiben die Kinder hin und wieder etwas zu mathematischen oder naturwissenschaftlichen Erfahrungen, so dass einige Arbeitsproben Informationen über ihr Lernen in diesen Bereichen liefern. Bei älteren Kindern sind die Ergebnisse von **bewusst** vom Lehrer **initiierten Aufgaben** wie Mathematikaufgaben oder naturwissenschaftlichen Experimenten ebenfalls wertvolle Arbeitsproben.

Idealerweise sollte jeder der nachfolgend beschriebenen Arbeitsprobe ein kurzer **Kommentar** des Lehrers/Erziehers beiliegen. Diese Kommentare zu verfassen ist der erste Schritt hin zu umfassenden schriftlichen Aufzeichnungen, wie wir im fünften Kapitel darlegen werden. Wenn Sie Arbeitsproben sorgfältig untersuchen, können Sie Beweise für Meilensteine in der Entwicklung und das Erreichen von Lernzielen finden.

Künstlerische Arbeiten der Kinder

Die meisten Kindergärten geben den Kindern viele Möglichkeiten, Zeichnungen oder andere künstlerisch gestaltete Objekte anzufertigen. Dass Beispiele ihrer Arbeiten Material für ein Portfolio im frühpädagogischen Bereich darstellen, ist selbstverständlich. Im Grundschulbereich haben die Kinder bedauerlicherweise oftmals weniger Gelegenheiten zum Basteln und Malen. Den Kindern entgeht damit nicht nur eine großartige Möglichkeit, fächerübergreifend zu arbeiten. Auch der Lehrer, der nicht für jeden Tag gestalterische Aktivitäten einplant, opfert dadurch reichhaltige Möglichkeiten der Entwicklungs-und Leistungsbewertung.

Bei den meisten Kindern entwickeln sich die zeichnerischen Fähigkeiten in vorhersehbarer Weise von der **Kritzelphase** zur **Schemaphase**, obwohl die Geschwindigkeit ihrer Fortschritte deutliche Unterschiede aufweisen kann. Ausgewählte Zeichnungen können den Fortschritt eines Kindes dokumentieren. Versehen Sie sie mit dem vollständigen **Namen** des Kindes, dem **Datum** und einem **Kommentar**, wie z.B. „Typisch für die vielen Bilder, die Emma im Moment malt."

Die Arbeitsproben auf Seite 42 wurden von einem Erzieher gesammelt und sollen die Entwicklung der zeichnerischen Fähigkeiten des Kindes dokumentieren. In den Arbeitsproben geht das Kind innerhalb von vierzehn Monaten von der Kritzelphase in die vorschematische Phase über.

Kritzelphase
15. November

Kreiskritzelphase
25. März

Vorschemaphase
30. Januar

Diktierte Texte der Kinder

Für Schreibanfänger sind selbst diktierte Texte eine wichtige Aktivität, weil sie dem Kind den Zusammenhang von Spiel und Erzählung und von gesprochener und geschriebener Sprache deutlich machen. Sie sind eine wichtige Arbeitsprobenart, denn sie dokumentieren die Fähigkeit der Kinder, **expressive Sprache** zu verwenden. Schilderungen zu zeitnahen Erlebnissen und Erläuterungen zu Bildern oder anderen Werken sind nützlich in Portfolios, weil sie die Gedanken, Gefühle und Reflexionen der Kinder verdeutlichen. Diktierte Texte sollten im Laufe der Zeit immer wieder gesammelt und mit **Hintergrundinformationen** versehen werden, wie z.B. „Kevins Erläuterung zu seinem Winterbild" oder „Kevin wollte diese Erlebnisse zu seinem Winterurlaub diktieren." Diktierte Texte können in schriftlicher Form und/oder auf Band konserviert werden.

Die frisch gebackene Erstklässlerin Lena wurde gebeten, Sätze über ihre Einschulung in ihr neues Tagebuch zu schreiben oder zu diktieren (siehe Beispiel unten).

Zwei Sätze schrieb sie selbst, dann diktierte sie in zwei „Diktatsitzungen" jeweils einen weiteren Satz. Das „Diktat" ermöglichte es Lena, ihre Ängste über den Schulanfang zum Gesprächsthema zu machen. Die Arbeitsprobe zeigt, dass sie sich in der zweiten „Diktatsitzung" für einen anderen Satz entschied, den sie ihrer Geschichte hinzufügen wollte, und demonstriert damit ihre erwachende Fähigkeit, ihre eigenen Aufzeichnungen zu überarbeiten.

Septembmber

Ich spil gen
Meine Mama vnt mein Papa sint
mit su Schule gekomn

Zuerst hatte ich ein bisschen Angst, weil ich
schlecht geträumt habe.
Ich habe geträumt, dass (...)
Ich dachte, dass meine Lehrerin gemein zu
mir ist.

Schriftliche Arbeitsproben

Die dritte wichtige Art von Arbeitsprobe sind die von den Kindern selbst verfassten schriftlichen Arbeiten. Eine große Bandbreite von Arbeiten ist für Portfolios geeignet:

- Unterschriften der Kinder
- Beschriftungen von Bildern
- Briefe an Eltern und andere
- Tagebucheinträge
- Berichte
- Eigene Geschichten und Bücher

Entwürfe für schriftliche Arbeiten sind besonders wertvoll. Frühe Entwürfe aufzubewahren dient zweierlei Zielen. Sie zeigen dem Kind (und den Eltern!), dass das **Überarbeiten** ein wichtiger Bestandteil des Schreibprozesses ist. Außerdem sind sie Belege für den **individuellen Schreibprozess** des Kindes und können nützliche Hinweise liefern, falls das Kind zusätzliche Unterstützung auf seinem Weg als Schreiber braucht.

Die Lehrerin von Karolin sammelte schriftliche Arbeitsproben, die im Laufe von zehn Monaten entstanden. Sie zeigen eindrucksvoll, welche Fortschritte sie beim Schreiben in der ersten Klasse machte. Die Lehrerin stützte sich bei ihrer Bewertung und Beurteilung von Karolins Schreibfertigkeit auf die ausgewählten schriftlichen Arbeitsproben. Auf dieser Grundlage formulierte sie Empfehlungen, welche Bereiche Karolin noch einmal durcharbeiten sollte, nämlich den Gebrauch von Großbuchstaben.

3. November
Mama und Papa sind nach Hamburg gefahren und haben mir eine Puppe mitgebracht.

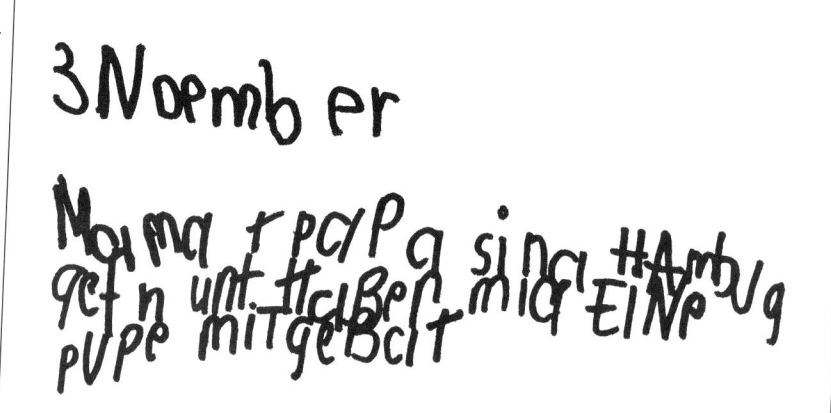

13. Januar
Meine Mama und mein Papa lesen mir jeden Abend was vor. Meine Mama und mein Papa lesen mir gerne vor. Wir sitzen auf dem Sofa und lesen. Wir lesen über den Schnee.

> Meine Freundinn heisen tanja und mari.
> Ich mak meine freundin und die mögen mich
> Heut Habe ich Tanja in Der Schule
> gesen.

29. August
Meine Freundinnen heißen Tanja und Mari.
Ich mag meine Freundinnen und die mögen mich.
Heute habe ich Tanja in der Schule gesehen.

Ein Wort zu **Tagebüchern** der Kinder:
Heutzutage lassen viele Lehrer im Primarbereich die Kinder Tagebücher führen. Diese Notizbücher oder Ordner können entweder Reaktionen der Kinder auf tägliche Schreibanlässe enthalten oder private Tagebücher sein. Wir begrüßen die unterschiedlichen Interpretationen des Tagebuchführens, möchten aber auf einen Punkt hinweisen. Wo die Kinder ermuntert werden, über ihre privaten Gedanken und Gefühle zu schreiben, sollten die Tagebücher nur dann anderen zugänglich gemacht werden, wenn das Kind zustimmt. Daraus folgt, dass Tagebucheinträge vom Lehrer nicht für ein Portfolio ausgewählt werden können, es sei denn, das Kind ist einverstanden.

● Ergebnisse analytischer Aufgaben

Analytische Aufgaben und Projekte sind Aktivitäten, die der Lehrer oder ein Spezialist **entwirft**, um festzustellen, ob die Kinder **bestimmte Lernziele** erreicht haben. Solche Leistungsbewertungen findet man eher im Grundschulbereich als im Kindergarten. Als Methode der Unterrichtsbeurteilung kann die analytische Leistungsbewertung eine Alternative oder eine Ergänzung zu Tests und Klassenarbeiten darstellen. Eine gute analytische Leistungsbewertung, die in relevante und bekannte, vom Lehrplan vorgegebene Kontexte eingebettet ist, zeigt Lernfortschritte oder Schwierigkeiten in bestimmten Bereichen auf. Diese Art der Leistungsbewertung hat zudem den Vorteil, dass man sie an verschiedene Kulturen anpassen kann. Schreibanregungen, diktierte Inhaltsangaben von Büchern, Vorführungen, Experimente und Kleingruppenaktivitäten wie das Sortieren von Gegenständen nach zwei verschiedenen Kriterien sind Beispiele für angemessene, analytische Aufgaben aus dem Primarbereich. Sie können so gestaltet werden, dass sie sich kaum von normalen Unterrichtsaktivitäten unterscheiden und dadurch für junge Kinder weniger belastend und störend wirken. Tatsächlich lassen sich die Aufgaben und Projekte nicht nur zur Leistungsbewertung, sondern auch als Lernerfahrungen einsetzen.

Dort, wo analytische Aufgaben in Portfolios aufgenommen werden, können Entwürfe und erfolglose Versuche ebenso aussagekräftig sein wie das Endergebnis selbst.

Fotos

Mit Fotos lassen sich Informationen über das, was die Kinder tun und lernen, wirkungsvoll **präsentieren**. Fotos **erinnern** das Kind an seine Tätigkeit und **helfen** Ihnen bei Ihren Rückmeldungen an die Eltern. Mit Fotos können Sie auch diejenigen Projekte **dokumentieren**, die man nicht in ein Portfolio legen kann, wie Gruppenaktivitäten oder dreidimensionale Arbeiten. Natürlich kann das Fotografieren teuer sein. Dennoch empfehlen wir Ihnen dringend, von diesem Medium Gebrauch zu machen, trotz der Kosten. Im Rahmen des 10-Schritte-Programms zur Arbeit mit Portfolios haben Fotos einen weiteren Vorzug: sie führen geradewegs zu schriftlichen Aufzeichnungen.

Fotos sind vielschichtige und ergiebige Zeugnisse von Ereignissen. Tatsächlich gibt es Historiker, die sich auf die Untersuchung alter Fotografien als Informationsquellen über die Vergangenheit spezialisiert haben. Sie suchen Hinweise darauf, wann und wo sich ein Ereignis zugetragen hat, und betrachten Einzelheiten wie Kleidung und Vegetation genau. Dann fragen sie, was die Fotografien über die festgehaltenen Szenen oder Ereignisse aussagen. Lehrer/ Erzieher wenden Fotografien im Unterricht oder in der Lerngruppe aus ähnlichen Gründen an. Fotos halten das Leben im Klassenzimmer oder Gruppenraum fest, vor allem, wenn Sie in der Lage sind, ungestellte Aufnahmen zu machen.

Sie (oder ein Kind) können immer wieder den **Verlauf einer Arbeit** fotografieren und die verschiedenen Stadien ihrer Fertigstellung auf Bildern festhalten, so dass man später nachvollziehen kann, wie das Stück entstanden ist. Diese Fotos können zusammen mit nicht gestellten Aufnahmen von Szenen im Klassenzimmer oder im Gruppenraum zu faszinierenden Beispielen über Lernaktivitäten werden. Die Vorzüge sind jedoch noch größer.

Aus zwei weiteren Gründen ist das Fotografieren bei der Arbeit mit Portfolios wichtig:
▷ Fotografieren hilft Ihnen, Ihr Beobachtungsvermögen zu trainieren.
▷ Fotos liefern Schreibanregungen für schriftliche Aufzeichnungen.

Wenn Sie eine betriebsbereite Kamera immer zur Hand haben und Ausschau halten nach Ereignissen, die es wert sind festgehalten zu werden, werden Sie dem vielsagenden Stimmengewirr in der Klassen zwangsläufig größere **Aufmerksamkeit** schenken. Viele Begebenheiten, die früher belanglos erschienen, werden wichtiger, wenn Sie überlegen, ob sie wert sind, in einem Foto festgehalten zu werden. Diese erhöhte Aufmerksamkeit hilft Ihnen auch zu entscheiden, ob eine Situation doch vielleicht besser durch eine schriftliche Aufzeichnung festgehalten werden soll, sobald ein Foto nicht aussagekräftig genug ist.

*Mit Fotos lassen sich die Fortschritte eines Kindes **über einen bestimmten Zeitraum** dokumentieren:*
Beispiel eines Kommentars zu diesem Situationsfoto:
„Am 25. März liest Svenja zum ersten Mal einem anderen Kind aus dem Buch vor."

Das Portfolio und sein Inhalt

> 📷 **Eine Lehrerin** sieht sich im Klassenzimmer um und stellt fest, dass Alicia und David den Wasserhahn am Waschbecken aufgedreht haben. Beide vergleichen das Fassungsvermögen verschiedener Flaschen miteinander. Hierzu füllen sie sie mit Wasser und gießen sie in andere Behälter um. Die Lehrerin geht unauffällig nahe genug an Alicia und David heran, um verstehen zu können, was sie sagen. Sie hört, wie Alicia feststellt, dass die kleine Flasche weniger Wasser aufnimmt als die große Flasche. Sie erkennt, dass die Kinder dabei sind, etwas über die Eigenschaften von Rauminhalten herauszufinden, und macht ein Bild, um diesen Lernmoment festzuhalten. Ein Schnappschuss und eine Notiz dazu werden die Information festhalten, dass Alicia und David sich für die Freiarbeit ein Spiel mit Behältern und eine Untersuchung zum Thema Rauminhalt ausgesucht haben.

Fotos werden Ihnen auch bei **situationsbezogenen Beobachtungen** helfen. Anfangs werden Sie vielleicht warten, bis die Bilder entwickelt oder ausgedruckt sind, bevor Sie sich Ihre Notizen zu den abgebildeten Ereignissen machen. Wenn Sie die Fotos genau betrachten und sich die Ereignisse in Erinnerung rufen, können Sie sie kurz beschreiben. Sie notieren, **wann** und **wo** die Begebenheit sich ereignete, denn daraus können Sie Rückschlüsse auf Ihre **Zeitplanung** und die **räumliche Aufteilung** der Klasse ziehen. Diese kurzen Aufzeichnungen während der ruhigen Betrachtung eines Packens neuer Fotos stärkt Ihr Vertrauen in das, was Sie schreiben, wie Sie Ihre Sätze konstruieren und wie viel Sie schreiben. Später können Sie Ihre neu erworbenen Fähigkeiten bei situationsbezogenen Beobachtungen anwenden.

Ein Foto vom sechsjährigen Max auf dem Spielplatz dokumentiert seine motorischen Fertigkeiten.

Foto mit freundlicher Genehmigung der Autorinnen.

Bausteine aufstapeln
21 Monate

Symbolisches Spiel
2 Jahre, 5 Monate

Einen Ball fangen
3 Jahre, 8 Monate

Fotos mit freundlicher
Genehmigung von
Susan Turner Purvis.

Das Portfolio und sein Inhalt

Ein Erstklässler schreibt seinen ersten Buchstaben, den er gelernt hat, an die Tafel.

Eine Zweitklässlerin zeigt ihr Bild zum Thema Regenbogen.

Lerntagebücher

Ein Logbuch ist eine Leistungsdokumentation. Logbücher bringen die meisten Leute mit Schiffen in Verbindung. Darin hält der Kapitän in täglichen Eintragungen fest, wie das Schiff auf seiner Route vorankommt. In vielen Grundschulklassen gibt es Lesetagebücher, in denen die Bücher aufgeführt werden, die die Kinder lesen. Jeder Eintrag enthält den Buchtitel und den Namen des Autors und vielleicht ein paar kurze Bemerkungen des Kindes.

Das **kurzfristige Ziel** bei der Einführung von Lerntagebüchern ist es, einer **Individualisierung im Lehrplan** Raum zu schaffen. Das Lerntagebuch ist eine Methode, das jeweilige Kind eingehender kennen zu lernen und dadurch neue Wege zu finden, es einzubinden. Das **langfristige Ziel** ist es, die Kinder in die Lage zu versetzen, ihre **eigenen Lernziele festzulegen** und ihre eigenen **Lernaktivitäten zu planen**.

Das Lerntagebuch stellt eine Variation des typischen Lesetagebuchs dar. In einem Lerntagebuch machen die Kinder **Aufzeichnungen** – schriftliche, diktierte, gezeichnete – nicht nur zu Büchern, die sie gelesen haben (obwohl das sehr wichtig ist), sondern auch zu Ereignissen, die sie beobachten, Leute, denen sie begegnen, Erfahrungen, die sie machen. Das Lerntagebuch ähnelt einem normalen Tagebuch, mit dem Unterschied, dass es die Gedanken des Kindes auf das konzentriert, was es **gelernt** hat – und was es **als Nächstes** lernen möchte.

Das Lerntagebuch enthält die **Lernerfahrungen**, die das Kind und seine Familie zu Hause, am Arbeitsplatz der Eltern, in den Ferien und andernorts machen. Es kann ein kurzer Bericht über alles sein, was das Kind lernt. Es kann neue Fakten und Ideen festhalten oder Einblicke in gelesene Bücher, angesehene Filme und Aufführungen geben. Auch kann es Fragen enthalten, die sich das Kind stellt.

Das Lerntagebuch ist ein nützliches Instrument für junge Kinder, die noch nicht lesen und schreiben können: es spiegelt alle Entwicklungsbereiche wider. (Tatsächlich kann man das Lerntagebuch im frühpädagogischen Bereich als eine Erweiterung des Tagebuchs ansehen, in dem der Erzieher Ereignisse im Tagesablauf eines Säuglings oder Kleinkindes notiert und zum Beispiel angibt, was das Kind gegessen und wann es geschlafen hat.)

Die **Ausstattung** des Lerntagebuches richtet sich danach, wie alt die Kinder sind und welche Materialien Sie zur Verfügung haben. Es kann aus ein paar Blättern festen Papiers bestehen, die Sie zusammenheften, aus einigen datierten Lerntagebuch-Kopiervorlagen (siehe Seite 123/124), die Sie in einer Dokumentenmappe oder einem Schnellhefter aufbewahren. Oder aber aus einem dünnen Notizbuch. Die meisten Kinder werden eine ursprünglich gebrauchte Ausstattung durch eine andere ersetzen, sobald sie als Schreiber Fortschritte machen. Welches Format Sie auch wählen: im Lerntagebuch sollte Platz für schriftliche Aufzeichnungen zu Ihren Einzelgesprächen mit dem jeweiligen Kind über seine Lernfortschritte sein.

Ein wichtiger Grund, weshalb Lerntagebücher schon früh im 10-Schritte-Programm zur Arbeit mit Portfolios eingeführt werden sollten, ist die Tatsache, dass diese Tagebücher **Informationen zu den Lernwegen** festhalten, die Arbeitsproben nicht dokumentieren. Zum Beispiel können Sie und die Kinder Aufzeichnungen zu ihren mathematischen Entdeckungen und Rechenwegen in einem Lerntagebuch machen.

Ein zweites Argument für den frühen Einsatz von Lerntagebüchern im Programm ist, dass sie einen **Rahmen für regelmäßige Einzelgespräche** zwischen Lehrer/Erzieher und Kind bieten und dabei echte Beziehungen fördern, in denen die Kinder in vertrauensvoller Atmosphäre Fragen stellen und Lösungsvorschläge formulieren können.

Drittens helfen Lerntagebücher bei der **Entwicklung von individuellen „Lehrplänen"**: bei Lerntagebuchgesprächen können sich Themen für Kleingruppen oder Plenumsdiskussionen ergeben. (Umgekehrt können sich aus Gruppendiskussionen auch Themen für Einzelgespräche ergeben.)

Das Portfolio und sein Inhalt

In unserem Portfolio-Programm stellen Lerntagebücher aus zwei Gründen einen wichtigen Schritt dar:

▷ Erstens führen sie Sie und das einzelne Kind zu kurzen Gesprächen zusammen.
▷ Zweitens bietet das Lerntagebuch Ihnen die Möglichkeit, regelmäßig etwas über die Ideen und Interessen des Kindes zu schreiben und bereitet Sie so auf umfangreichere schriftliche Aufzeichnungen vor.

> 🗒 *Die Kinder haben Spaß an einer Geschichte in einem Vorlesebuch. Später, während eines kurzen Lerntagebuchgesprächs mit seinem Lehrer, macht Lennart eine Bemerkung zu dem verzierten Rand des Buchdeckels. Er malt ein Stück der Randverzierung in sein Lerntagebuch ab. Sein Lehrer regt an, dass er sich in der Leseecke nach weiteren Büchern mit Randmustern umsieht und sie miteinander vergleicht.*

„Heute hast du dich selbst mit Brille gemalt. Ich hoffe, das nächste Mal schreibst du etwas dazu. Ich lese gern, was du schreibst. – Frau Pohl."
14. September

(habe) (Bild)
Ich HB EiN BIT FON ELMA GEMALT

„Du hast ein schönes Bild von Elmar gemalt. – Frau Pohl."
16. Januar

HEUT HABEN WIR UNSR KOKODIL GMAT
(gemalt)

Heute haben wir unser Krokodil gemalt.
18. Mai

Schriftliche Aufzeichnungen vom Lehrer/Erzieher

Häufige persönliche Gespräche mit Eltern mögen zwar wünschenswert sein, sind aber oft schwierig durchzuführen. Schriftliche Mitteilungen müssen die Grundlage für die **Verbindung zwischen Schule und Zuhause** bilden. In Form von vielen unterschiedlichen schriftlichen Aufzeichnungen bietet die Entwicklungs- und Leistungsbewertung mit Portfolios Lehrern/Erziehern, Kindern und Eltern viele Möglichkeiten zu kommunizieren, auch wenn persönliche Begegnungen nicht einzurichten sind.

Systematische Aufzeichnungen sind Dokumentationen Ihrer gezielt durchgeführten Beobachtungen einzelner Kinder – und dadurch die Grundlage für viele Ihrer Entscheidungen im Bezug auf Lehrziele und Unterricht. Eine Reihe von **situationsbezogenen Aufzeichnungen** hat Ähnlichkeit mit einem Familien-Sammelalbum oder einem Fotoalbum und stellt einen Fundus an anschaulichen Beispielen dar, die die Entwicklung eines Kindes über einen bestimmten Zeitraum dokumentieren.

Protokolle zu Portfolio-Gesprächen halten die Vorstellungen eines jeden Gesprächsteilnehmers über das fest, was ein Kind lernt und kann.

Entwicklungsberichte sind ausführliche Zusammenfassungen der kindlichen Lernerfahrungen. Sie spiegeln zugleich die Perspektive des Lehrers/Erziehers und die Informationen wider, die aus den Arbeitsproben, Lerntagebüchern und anderen Portfolio-Arbeiten bezogen werden können.

Indem Sie die Arbeitsproben, Fotos und Lerntagebücher mit kurzen **Kommentaren** versehen, haben Sie schon drei wichtige Schritte auf dem Weg zu umfassenden schriftlichen Aufzeichnungen unternommen. In diesem Abschnitt stellen wir Ihnen einige andere Arten von schriftlichen Aufzeichnungen vor, die die kurzen Kommentare ergänzen. Wir beginnen mit **Interviews**, die Erweiterungen von kurzen Lerntagebuchgesprächen darstellen und zu Portfolio-Gesprächen überleiten. Zum Beispiel könnten Sie in einer Ihrer regelmäßigen Lerntagebuchkonferenzen mit Jonas über das Buch sprechen, das er in der vergangenen Woche gelesen hat, über seine neuen Schuhe und über seine Ideen für Spielplatzspiele. Dabei stellen Sie fest, dass Jonas beginnt, sich für Witze zu interessieren und legen einen Termin für ein Interview fest. Bei dieser Gelegenheit sehen Sie sich mit Jonas gemeinsam ein paar Witzbücher an und sprechen über die verschiedenen Arten von Witzen. Jonas hat die Idee, eine Sammlung mit seinen Lieblingswitzen anzulegen. Er bewahrt die Anfänge seiner Sammlung in seinem Lern-Portfolio auf und arbeitet von Zeit zu Zeit daran weiter. Zu einem späteren Zeitpunkt können Sie mit Jonas seine Fortschritte begutachten und Pläne für die Fertigstellung des Projekts machen.

Interview-Aufzeichnungen

Interviews sind die Gelegenheiten, bei denen Sie mit einem Kind ein **festgelegtes Thema** eingehend besprechen können. Nehmen wir an, dass es um das Thema Addition geht und Sie beurteilen wollen, inwieweit das Kind die Addition verstanden hat und mathematische Ideen in Worte fassen kann. Interviews sind Gelegenheiten für Sie, Informationen und Ideen in einer **natürlichen Situation** mit Kindern zu erörtern und gleichzeitig ihre **Beherrschung von Schlüsselkompetenzen** zu überprüfen. Interviews können sich z.B. im Laufe von Lerntagebuchgesprächen, während der Werkstattarbeit oder bei der Freiarbeit entweder spontan ergeben oder von Ihnen geplant werden. Ihre Notizen zu dem Interview halten wichtige Informationen darüber fest, **was** ein Kind **denkt** oder gern **wissen** möchte. Schriftliche Aufzeichnungen zu Interviews machen es Ihnen möglich, die Bedürfnisse des Kindes aufzuspüren und sicherzugehen, dass Sie diese Bedürfnisse berücksichtigen, wann immer Zeit ist. Gelegentlich möchten Sie vielleicht ein Interview auf Audio- oder Videokassette aufnehmen, vor allem, wenn es um die Analyse von Entwicklungsfortschritten geht. In den meisten Fällen werden schriftliche Notizen zu den Kommentaren der Kinder jedoch ausreichen. Ein Interview kann als aussagekräftiger Vor-oder Nach-Test des kindlichen Verständnisses dienen. Es ist **authentisch**, weil es die Bewertung des Wissensstandes des Kindes in eine echte Lernaktivität einbettet.

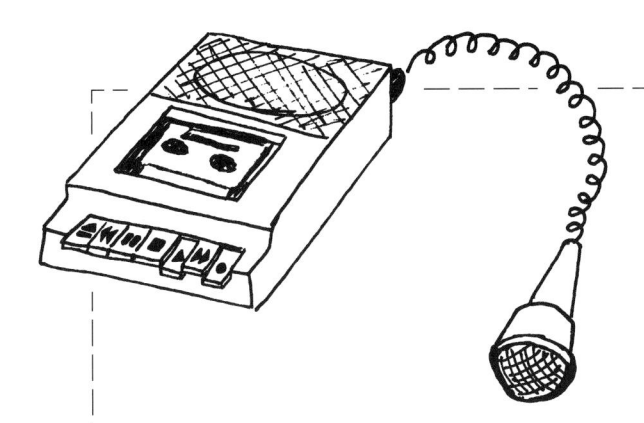

Interview-Beispiel

Die Lehrerin des siebenjährigen Sascha macht sich Gedanken darüber, woher seine anhaltenden Rechtschreibprobleme stammen, die sich in seinen Tagebucheinträgen zeigen. Er ersetzt manchmal „t" durch „k", wie in „Kräne" statt „Träne" und „ich steige auf den Kurm" statt „ich steige auf den Turm". Seine Lehrerin plant ein Interview, um mehr über Saschas Rechtschreibung, Schreiben und Lesen herauszufinden. Während des Gesprächs macht sie sich Notizen, anschließend tippt sie sie ab, so dass sie später darauf zurückgreifen kann. Hier sind ihre Aufzeichnungen zu dem Interview:

Sascha (7,5 Jahre) – 8. April

Frau Bauer: Sascha, ich interessiere mich für das, was du im Rechtschreiben und im Schreiben lernst. Würdest du mir etwas aus deinem Tagebuch vorlesen?

Sascha *(liest aus seinem Tagebuch über die Ferien mit der Familie):* „Wir stiegen auf einen Berg und konnten die ganze Stadt sehen. Ich habe Spagetti gegessen. Ich bin auf einen Turm gestiegen." *(Er liest weiter aus seinem Tagebuch vor, liest dabei das Meiste ohne Probleme, zögert aber bei einigen Wörtern und sagt: „Das überspringe ich.")*

Frau Bauer: Das ist ein sehr guter Tagebucheintrag. Ich hat mir Spaß gemacht, etwas über deine Reise zu erfahren. Mir ist aufgefallen, dass du „10" für „sehen" geschrieben hast, und dann hattest du Schwierigkeiten, es zu lesen. Weißt du noch, weshalb du „10" geschrieben hast?

Sascha: Nein, eigentlich nicht. Ich hab einfach schnell geschrieben.

Frau Bauer: Und du hast „Kurm" statt „Turm" geschrieben und bist dann beim Lesen durcheinander gekommen.

Sascha: Keine Ahnung, warum ich das gemacht hab. Manchmal nehme ich „k" statt „t".

Frau Bauer: Aber bei den Rechtschreibtests schneidest du gut ab.

Sascha: Rechtschreibtests mache ich gerne!

Frau Bauer: Warum?

Sascha *(grinst schelmisch):* Jedenfalls gefällt es mir besser als Linksschreiben.

Frau Bauer: Das war gut! Du hast viel Humor!

Sascha: Was hab ich??

Frau Bauer: Humor. Das bedeutet, dass du gute Witze machst. Machst du gerne Witze?

Sascha: Manchmal lacht dann die ganze Klasse.

Frau Bauer: Was hast du in der letzten Zeit gern gelesen?

Sascha *(holt ein Buch aus seinem Tornister):* „Freunde, von Helme Heine" *(Liest ohne Schwierigkeiten das ganze Buch vor. Zögert bei „Hahn" und identifiziert das Wort dann mit Hilfe der Illustration. Liest „Sehr-äuber" statt „Seeräuber", verbessert sich dann aber. Liest „Kieselstein" für „Kieselstein" und korrigiert sich dann ebenfalls)*

Frau Bauer: Gut gelesen! Was hast du sonst noch gelesen? Liest du zu Hause etwas mit deiner Mutter zusammen?

Sascha: Wir haben einen Teil der „Schatzinsel" gelesen, aber das war zu lang. Wir lesen jetzt „Wir Kinder aus Bullerbü".

Frau Bauer: Wovon handelt das?

Sascha *(grinst frech):* Von den Kindern aus Bullerbü!

Systematische Aufzeichnungen

Dabei handelt es sich um kurze, von Ihnen bewusst **geplante Notizen** zu besonderen Begebenheiten oder Verhaltensweisen eines ausgewählten Kindes. Sie können systematische Beobachtungen einsetzen, um die **Wirksamkeit** neuer Unterrichtseinheiten oder neuer Aktivitäten in Ihrer Betreuungseinrichtung zu überprüfen. Diese Methode stellt außerdem eine unaufdringliche Möglichkeit dar, die Aktivitäten der Kinder im Laufe eines Projekts zu dokumentieren, das sie selbst in Gang gebracht haben. Auf diese Weise können Sie festhalten, inwieweit die Kinder spezielle Lernziele erreicht haben.

> *Karin* erwähnt während eines Lerntagebuchgesprächs, dass sie die Schildkröten beobachtet hat, die in der Klasse gehalten werden. Ihr ist aufgefallen, dass die Schildkröten manchmal halb im Wasser sitzen und manchmal auf die Steine kriechen und ihre Hälse zum Fenster hinstrecken. Ihr Lehrer erkennt die Möglichkeit, das Thema Tiere und deren Verhaltensweisen in eine authentische Unterrichtsaktivität einzubetten. Er überlegt, ob die Schildkröten ihre Hälse vielleicht zum Fenster recken, um die Sonne spüren zu können. Er schlägt Karin vor, dass sie jeden Tag zur selben Zeit nach den Schildkröten sieht und aufschreibt, wie sie sich verhalten und ob das Fensterbrett sonnig oder schattig ist. Um die Wirksamkeit dieser Lernaktivität dokumentieren zu können, erinnert der Lehrer Karin am nächsten Tag zur festgelegten Zeit an ihr Vorhaben. Dabei beobachtet er, was sie tut, und hält es fest.
> Um eine Verbindung zwischen Karins Aktivitäten und übergeordneten Unterrichtszielen herzustellen, notiert er auch das Lernziel „Die Umwelt beobachten und hinterfragen". Auf diese Weise dokumentiert der Lehrer, dass Karin dieses Ziel erreicht hat.

Die **Tagebuchbeschreibung** ist eine Variation der systematischen Aufzeichnung. Bei dieser Methode geht es darum, Veränderungen im Verhalten oder in den Interessen eines Kindes über einen bestimmten Zeitraum zu dokumentieren. Zu diesem Zweck hält ein Lehrer oder Erzieher regelmäßig fest, was er an einem Kind beobachtet.

Fortlaufende Aufzeichnungen sind eine weitere Abwandlung der systematischen Aufzeichnung. Hierbei halten Sie über einen bestimmten Zeitraum, zum Beispiel zehn Minuten lang, alle Handlungen eines Kindes fest. Fortlaufende Aufzeichnungen erfordern mehr Zeit und Konzentration als andere schriftliche Aufzeichnungen und sind daher schwierig durchzuführen, vor allem für den Lehrer einer Schulklasse. Sie können jedoch nützlich sein, wenn Sie mehr Informationen über ein spezielles Kind und seine Bedürfnisse und Verhaltensweisen brauchen. Wenn Sie beschlossen haben, dass Sie das gesamte Verhalten eines Kindes in einer bestimmten Situation beurteilen müssen, können Sie einen Kollegen bitten, die fortlaufende Beobachtung und die daraus resultierende Aufzeichnung vorzunehmen, während Sie Ihren normalen Unterricht abhalten. Wenn Ihnen an einer unvoreingenommenen Meinung gelegen ist, sollten Sie Ihrem beobachtenden Kollegen Ihre Vermutungen über das Kind nicht vorher mitteilen. Sagen Sie zum Beispiel: „Ich wüsste gern mehr über Jans Aktivitäten im Kunstunterricht" und nicht: „Ich glaube, Jan hat Defizite im feinmotorischen Bereich."

Im 10-Schritte-Programm zur Arbeit mit Portfolios beginnen systematische Beobachtungen als einfaches Aufgreifen von Anstößen aus den Lerntagebuchgesprächen.

> **Beispiel für systematische Aufzeichnung:**
> Ein Lehrer beschließt, Annas Verständnis einer Vorlesegeschichte zu beurteilen, weil sich ihre Eltern, die selbst keine Muttersprachler in Deutsch sind, Sorgen um die deutschen Sprachkenntnisse ihrer Tochter machen. Der Lehrer nimmt sich vor, Anna während des Vorlesens in der Klasse zu beobachten und sich Notizen zu ihren Reaktionen zu machen. Die systematische Beobachtung vermittelt dem Lehrer die Informationen, die er braucht, um auf die Sorgen der Eltern reagieren und möglicherweise eingreifen zu können. Die systematische Aufzeichnung ist eine Dokumentation der Beobachtungen in einfacher Form.

⬇

> **Die Notizen des Lehrers:**
> 3. November – 10 Uhr, Vorlesezeit. Herr Kohn liest aus dem Buch „Irgendwie anders" vor. Anna scheint aufmerksam zuzuhören. Sie sagt: „Bei uns hat auch schon mal einer an die Tür geklopft" und „Ich habe mein Essen in einer Butterbrotdose". A. malt ein Bild, auf dem ihre Butterbrotdose zu sehen ist.

⬇

> **Kommentar des Lehrers:**
> Annas Kommentare während der Geschichte und ihr Bild belegen, dass sie die Sprache in „Irgendwie anders" von Kathryn Cave gut verstanden hat.

Die Zeiten, wenn ein Referendar, ein Praktikant oder ein freiwilliger Helfer Sie bei den Lern- und Unterrichtsaktivitäten unterstützt, sind gute Gelegenheiten, die Kinder unauffällig zu beobachten. Wenn Sie systematische Beobachtungen oftmals durchführen, bereiten Sie sich indirekt gut auf situationsbezogene Aufzeichnungen, Portfolio-Gesprächsprotokolle und Entwicklungsberichte vor.

Situationsbezogene Aufzeichnungen

Dies sind Aufzeichnungen zu einer Tätigkeit, die man als „Kinder beobachten" bezeichnen könnte. Es sind Ihre **spontanen Notizen zu den Handlungen** einzelner Kinder oder vielleicht einer kleinen Gruppe von Kindern. Situationsbezogene Aufzeichnungen stellen ein wichtiges Gegengewicht zu systematischen Aufzeichnungen dar. Letztere dokumentieren normalerweise die Fortschritte der Kinder auf ihrem Weg zu festgelegten Zielen, während die situationsbezogenen Aufzeichnungen **authentische Dokumentationen** der Entfaltung und Entwicklung eines Kindes sind. Sie können die einzigartigen Qualitäten des Kindes einfangen. Sie sind möglicherweise der wichtigste Bestandteil im frühpädagogischen Portfolio, weil sie Ihre Beobachtungen von Ereignissen in der Einrichtung oder im Unterricht wiedergeben – und Sie sind der Experte für alles, was in diesem Rahmen passiert!
Sie unterscheiden sich von systematischen Notizen, weil Sie sich nicht vornehmen, sie zu machen.
Sie reagieren vielmehr mit Notizen auf unerwartete Ereignisse.

Wenn Sie mit situationsbezogenen Aufzeichnungen beginnen, nehmen Sie tatsächlich die Rolle eines Reporters in Ihrer Klasse ein. Sie halten ständig Ausschau nach wichtigen Ereignissen und sind bereit, sich genaue Notizen dazu zu machen.
Diese Notizen werden in Portfolios abgelegt und immer wieder durchgesehen. Sie geben Hinweise auf die Bedürfnisse und Interessen der Kinder und belegen ihre Fortschritte in unterschiedlichen Entwicklungsbereichen.

Situationsbezogene Aufzeichnungen sind nur so zuverlässig wie Ihre **Wahrnehmung**. Sie müssen mit **objektivem Auge** sehen und darauf achten, dass Sie Ihre Notizen zu einem Ereignis nicht verzerren. Der Vorzug situationsbezogener Aufzeichnungen liegt darin, dass das Verfahren eine kontinuierliche, selbstbestimmte Aktivität zur **beruflichen Weiterentwicklung** darstellt. Immer, wenn Sie sich Notizen zu einem unerwarteten oder spontanen Ereignis im Tag eines Kindes machen, lernen Sie mehr über die kindliche Entwicklung und natürlich über die Kinder, die Sie beobachten. Dies trifft vor allem auf die Beobachtung junger Kinder beim Spielen zu, einer Situation, in der sie ihre in der Entwicklung befindlichen sprachlichen, kognitiven, sozio-emotionalen und körperlichen Fähigkeiten wahrscheinlich am meisten einsetzen. Mit etwas Übung wird es Ihnen gelingen, sich Notizen zu situationsbezogenen Beobachtungen über eine bestimmte Gruppe von Kindern zu machen und gleichzeitig eine systematische Aufzeichnung anderer Kinder durchzuführen.

In Kindergarten und Grundschule kann das Fotografieren nahtlos in situationsbezogene Aufzeichnungen übergehen. Das Abschätzen, ob eine Szene „ein Foto wert ist", schult Ihr Bewusstsein für Ereignisse, die in Form einer situationsbezogenen Aufzeichnung festgehalten werden sollten.

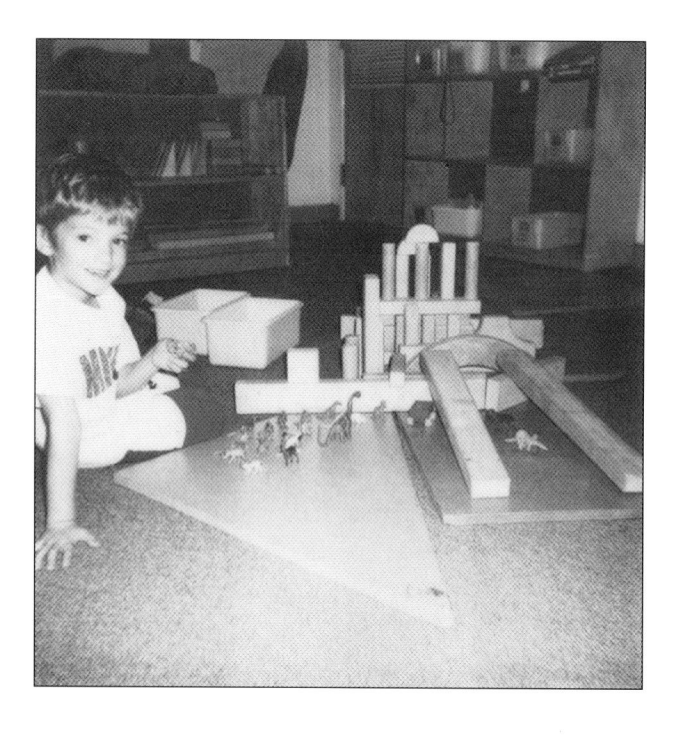

> **Beispiel für situationsbezogene Aufzeichnung:**
> *22. Oktober – André hat ein großes Gebilde errichtet – ein Museum „für ausgestopfte Tiere, die echten ohne Blut." Dann fügte er Dinosaurier und Dschungeltiere hinzu und ein paar Autos.*

Foto und situationsbezogene Aufzeichnung mit freundlicher Genehmigung des Educational Research Center der Florida-State-Universität.

Im oben dargestellten Beispiel machte ein Erzieher mit einer Sofortbildkamera einen Schnappschuss von dem vierjährigen André und seiner Konstruktion aus Bauklötzen. Außerdem schrieb er die passenden Erläuterungen dazu auf.
Später fügte der Erzieher diese Information in einen wöchentlichen Entwicklungsbericht an die Eltern ein.

(Es wäre nützlich gewesen, in dem Entwicklungsbericht zu erläutern, dass Andrés Projekt der siebten Stufe in der Entwicklung des Spiels mit Bausteinen entspricht: „Die Bauten der Kinder kopieren oder symbolisieren häufig Gebäude, die sie kennen. Außerdem besteht ein starker Impuls zu szenischer Darstellung im Zusammenhang mit den Konstruktionen.") [4]

Portfolio-Gesprächsprotokolle

Diese schriftlichen Aufzeichnungen halten **Ideen** und **Einblicke** fest, die sich aus seltenen **Portfolio-Konferenzen** ergeben. Während des Gesprächs können Sie sich kurze Notizen machen, die Sie bald danach zu einer kurzen Zusammenfassung (höchstens eine Seite lang) ausarbeiten.

Während sich das Interview auf die ausführliche Behandlung eines einzigen Themas konzentriert, etwa auf die Forschungen zu den Entwicklungsphasen einer Raupe, ist das Portfolio-Gespräch eine **private Erörterung aller Lernerfahrungen**, die das Kind im Laufe von vielleicht zwei oder drei Monaten gemacht hat.

> *Es empfiehlt sich, mit zwei Portfolio-Gesprächen im Jahr zu beginnen und die Anzahl später auf drei oder vier zu erhöhen.*

Während des Gesprächs wird der **Inhalt** des **Lern-Portfolios** ausgebreitet, und Sie und das Kind (und schließlich auch ein Elternteil oder beide Eltern) unterhalten sich darüber. Das Kind beschließt vielleicht, unvollendete Projekte wieder aufzunehmen oder ein vollendetes Projekt in anderer Form noch einmal zu bearbeiten. Vielleicht entscheiden Sie, dass eine bestimmte Arbeitsprobe (oder eine Fotokopie davon) in das Präsentations-Portfolio gelegt werden soll, weil sie einen wesentlichen Fortschritt dokumentiert. Bei anderen Gelegenheiten kann das Kind derjenige sein, der die Entscheidung über eine Arbeit im Präsentations-Portfolio trifft. (Wir sind der Ansicht, dass man die Entscheidungen der Kinder hinsichtlich der Aufbewahrung wichtiger Arbeiten respektieren sollte, auch wenn Ihnen ihre Bedeutung nicht klar ist.)

Das **Portfolio-Gespräch** ist eine Ausweitung des Interviews, das wiederum eine Ausweitung des Lern-Portfolio-Gesprächs darstellt. In unserem Modell erweitern und vertiefen Sie diese Gespräche mit den Kindern allmählich, je mehr Sie das Portfolio-Programm in den Unterrichts- oder Kindergartenalltag integrieren. Am Ende können Sie Eltern und Erziehungsberechtigte an einigen Portfolio-Gesprächen beteiligen, so dass die Gespräche zu **3-Parteien-Gesprächen** über die Gesamtheit der jüngsten Arbeiten eines Kindes werden.

Das Portfolio-Gesprächsprotokoll ist einfach Ihr **schriftlicher Bericht** über die Themen, Ideen und Pläne, die Sie und das Kind im Laufe des Portfolio-Gesprächs erörtert haben. Während oder nach einem Portfolio-Gespräch halten Sie dieses Protokoll auf einem separaten Blatt Papier oder als Einträge in das Lerntagebuch des Kindes fest, so dass Sie und das Kind später darauf zurückgreifen können.

> *Beispiel für ein Portfolio-Gesprächsprotokoll:*
> *27. März – Jonas und ich haben über Dinge gesprochen, die er gelesen und gemalt hat. Er mochte die „101 Sommerwitze" und die Ausgaben der Kinderzeitschrift „Geolino" in der Leseecke. Besonders gefielen ihm das Buch „Wenn die Möpse Schnäpse trinken" von James Krüss. Wir stellten fest, dass er am liebsten witzige Sachen liest.*
>
> *Jonas malt immer noch sehr gern. Er hat „Aliens" geübt, mit Augen, die aus dem Kopf herauskommen. Jonas benutzt nur Bleistifte für seine Zeichnungen. Er sagte, dass er mehr Interesse daran hat, seine Zeichnungen der Aliens zu verbessern als sie mit Farbstiften oder Filzstiften auszumalen.*
>
> *Ich merkte an, dass Jonas nicht viel in sein Tagebuch oder sein Lerntagebuch schreibt oder diktiert. Ich bat ihn, jeden Tag etwas über eine Aktivität aufzuschreiben oder zu diktieren und wenigstens zwei Sachen zu erwähnen, die ihm daran gefallen oder nicht gefallen haben. Ich ermunterte ihn, die Titel von Geschichten, Gedichten oder Büchern, die er liest, in sein Lerntagebuch zu schreiben oder zu diktieren.*
>
> *F. Kaiser*

Entwicklungsberichte

Bei Entwicklungsberichten handelt es sich um Ihre **regelmäßigen** schriftlichen Aufzeichnungen zu den **Fortschritten eines Kindes im Allgemeinen** und zu Ihrer Berücksichtigung seiner **speziellen Bedürfnisse und Stärken**. In der Grundschule können Entwicklungsberichte das Berichtszeugnis und besonders das Notenzeugnis ergänzen.

Bei dem Verfahren, das wir in unserem Modell vorstellen, wird Ihnen die Anfertigung schriftlicher Aufzeichnungen nach und nach immer leichter fallen. So sind Sie gut vorbereitet, wenn es darum geht, nützliche und informative Entwicklungsberichte zu verfassen. Sie schreiben öfter über die Fortschritte der Kinder und bekommen auf diese Weise mehr Vertrauen in Ihre Fähigkeiten als Schreiber. Zudem legen Sie eine reichhaltige Sammlung von schriftlichen Informationen an, die Ihnen Material für Entwicklungsberichte liefert.

Eine Erzieherin hat kurze wöchentliche Entwicklungsberichte für die Eltern verfasst, die wir im Folgenden aufführen werden (s. rechte Spalte). Sie spiegeln die Übungsfortschritte wider, die sie mit situationsbezogenen Aufzeichnungen macht. Diese Berichte stellen eine hervorragende Form der Kommunikation mit den Eltern dar und sind zugleich eine Vorbereitung für regelmäßige zusammenfassende Entwicklungsberichte, die alle Entwicklungsbereiche berücksichtigen.

> *Beispiel der Entwicklungsberichte der Erzieherin:*
>
> *8. Dezember – Eva entwickelt sich gut. Während der Mittagsruhe braucht sie mehr Zeit um einzuschlafen. Sie hat gern etwas Kuscheliges bei sich, wenn sie schläft. Eva fing an, „Oh Tannenbaum" zu singen, als wir über das Schmücken von Weihnachtsbäumen sprachen.*

> *23. Februar*
> *Eva erzählt viel von Pocahontas. Sie kann Pocahontas sehr genau beschreiben. Sie versucht, ihre Schuhe zuzubinden. Bis jetzt kann sie die Schnürsenkel nur zu einem einfachen Knoten binden.*

> *29. März*
> *Eva spielt gern mit anderen Kindern. Zusammen mit André hat sie mit dem Zug gespielt. Sie spielte zusammen mit Markus mit den Stofftieren. Wenn sie so spielt, entwickelt sie wunderbare szenische Darstellungen.*

Entwicklungsberichte mit freundlicher Genehmigung des Educational Research Center der Florida-State-Universität.

Audio- und Videoaufzeichnungen

Bandaufnahmen sind eine ergiebige Quelle von Informationen über das Lernen der Kinder. Wir empfehlen sie auch, weil sie besonders wertvoll bei der **Einbindung der Familien** sind. Eltern können so Ereignisse sehen und hören, die sie ansonsten nicht miterleben würden. Audioaufnahmen von einem Kind, das eine Geschichte nacherzählt, eine selbst verfasste Geschichte vorliest, Wörter in einer Fremdsprache ausprobiert oder ein Lied singt, können spannende Dokumente der Sprachentwicklung sein, sowohl für das Kind als auch für den Lehrer und die Eltern. **Videoaufnahmen** lassen sich noch nutzbringender einsetzen, vor allem, wenn Sie an den Aktivitäten einer Gruppe interessiert sind.

Checklisten und Bewertungsskalen

Checklisten und Bewertungsskalen für verschiedene Kompetenzen sind im Zusammenhang mit Portfolios in der Kindergarten- und Grundschulpädagogik häufig anzutreffen. Sie können **nützliche Instrumente** sein, wenn es darum geht, die Fähigkeiten eines einzelnen Kindes in einem besonderen Entwicklungsbereich schnell **einzuschätzen** und **einzuordnen**. Checklisten und Bewertungsskalen erfordern eine aufmerksame Beobachtung des Kindes und seiner Entwicklung über einen **längeren Zeitraum** und können sich daher als nützliche Denkanstöße für den Lehrer/Erzieher erweisen, der sich um eine entwicklungsgemäße Gestaltung seines Unterrichts bzw. der Lernangebote in der Gruppe bemüht.

Die besten Checklisten sind die, die Sie in Übereinstimmung mit **Kriterien der kindlichen Entwicklung** und den **Zielen Ihrer Einrichtung** zusammenstellen. Die nachfolgenden Übersichten über entwicklungsbedingte Veränderungen bei Drei-, Vier- und Fünfjährigen lehnen sich an Richtlinien eines amerikanisches Programms der „Nationalen Vereinigung für Erziehung von Kleinkindern" (NAEYC) an.[5]
Die Checklisten von Entwicklungskriterien der Sechs-, Sieben- und Achtjährigen entstammen aus einer Veröffentlichung des Ministeriums für Erziehung in Mississippi.[6] Diese Übersichten lassen sich gut auf Richtlinien in Deutschland übertragen. (Die Entsprechungen finden Sie z. B. bei Ernst J. Kiphard und Helga Sinnhuber, siehe Literaturverzeichnis).
Stützen Sie sich auf die folgenden Checklisten, um sicherzugehen, dass Ihr „Lehrplan" bzw. Ihre Lernziele für Kindergarten und Grundschule angemessen sind.
Im Anschluss an die Richtwerte der Sechs- bis Achtjährigen finden Sie auch Hinweise, welche Konsequenzen sich hieraus für den Unterricht ergeben (vgl. S. 65, 67/68).

Checklisten zur kognitiven, sozio-emotionalen und physischen Entwicklung in Verbindung mit Schlüsselkompetenzen im Rahmen des Lehrplans Ihrer Einrichtung zusammenzustellen, wäre eine gute Übung für Ihre Kollegen und Sie.
Allerdings können Checklisten und Bewertungsskalen schnell Ihren Lehrplan dominieren, so dass das wesentliche Lernziel schließlich darin besteht, einige voneinander unabhängige Fertigkeiten und Fähigkeiten zu beherrschen. Wenn das passiert, haben Sie die Reichhaltigkeit und das schülerzentrierte und entwicklungsgemäße, unabhängige Lernen geopfert, die die Grundlage einer echten Entwicklungs- und Leistungsbewertung mit Portfolios darstellt.
Aus diesem Grund wollen wir Checklisten oder Bewertungsskalen nicht als Portfolio-Strategien herausstellen. Wenn Sie solche Instrumente einsetzen müssen, um die Fortschritte von Kindern zu dokumentieren, sollten Sie Ihre Ergebnisse durch **Entwicklungsberichte** ergänzen.

> *Verwenden Sie die Checklisten als **Erinnerungshilfe** für Ihre Entwicklungsberichte. So können Sie sichergehen, dass Sie keine wichtigen Fragen im Zusammenhang mit Entwicklung und Lehrplan übersehen haben, wenn Sie die Fortschritte eines einzelnen Kindes für die Eltern, einen Kollegen oder für die Schulverwaltung zusammenfassen.*

Ein Dreijähriger
(weit verbreitete Erwartungen)

Grobmotorische Entwicklung:

- geht, ohne auf seine Füße zu sehen; geht rückwärts; läuft in gleichmäßigem Tempo; hat keine Schwierigkeiten beim Umdrehen und Stehenbleiben
- steigt Treppen im Wechselschritt, hält durch Festhalten am Geländer das Gleichgewicht
- springt von niedrigen Treppen und Gegenständen herunter; hat eher eine schlechte Einschätzung beim Überspringen von Gegenständen
- zeigt verbesserte Koordination; beginnt, beim Schaukeln und Dreiradfahren Arme und Beine zu bewegen, vergisst dabei manchmal, auf die Fahrtrichtung zu achten und verursacht Kollisionen
- nimmt Höhe und Geschwindigkeit von Gegenständen wahr (zum Beispiel bei einem fliegenden Ball), kann aber sehr ängstlich oder sehr draufgängerisch sein und zeigt dabei eine unrealistische Einschätzung der eigenen Fähigkeiten
- steht unsicher auf einem Bein; balanciert unter Schwierigkeiten über einen 10 cm breiten Schwebebalken und sieht dabei auf seine Füße
- spielt aktiv (versucht dabei, mit Älteren mitzuhalten) und braucht dann eine Pause; wird plötzlich müde, wird bei Übermüdung quengelig

Feinmotorische Entwicklung:

- steckt Holzstäbe in Steckbretter; fädelt große Perlen auf; gießt Flüssigkeiten um und verschüttet dabei gelegentlich etwas
- baut Türme aus Bauklötzen; hat keine Schwierigkeiten mit einem Steckpuzzle, bei dem ein Puzzleteil einen kompletten Gegenstand abbildet
- ermüdet leicht bei intensiver Handkoordination
- zeichnet Formen, z.B. einen Kreis; beginnt Gegenstände zu entwerfen, wie ein Haus oder eine Figur; achtet beim Figurenzeichnen auf Größenverhältnisse
- hält Farbstift oder Wachsmalstift mit den Fingern, nicht in der Faust
- zieht sich ohne Hilfe aus, braucht beim Anziehen jedoch Hilfe; ist geschickt beim Aufknöpfen, langsam beim Zuknöpfen

Sprachliche und kommunikative Entwicklung:

- zeigt einen stetig wachsenden Wortschatz von 2 000 bis 4 000 Wörtern; neigt zu starker Verallgemeinerung von Begriffen, erfindet Wörter nach Bedarf
- verwendet einfache Drei- bis Vierwortsätze, um Bedürfnisse zu formulieren
- hat eventuell Schwierigkeiten, in Gesprächen abzuwarten, bis er an der Reihe ist; wechselt schnell das Thema
- hat Schwierigkeiten beim Aussprechen von Wörtern; verwechselt Wörter oft miteinander
- mag einfache Fingerspiele und Reime und lernt Liedtexte mit vielen Wiederholungen
- passt sich in Sprache und nonverbaler Kommunikation auf kulturell akzeptierte Weise an Zuhörer an, muss jedoch noch an Zusammenhänge erinnert werden
- beginnt Wer-, Was-, Wo- und Warum-Fragen zu stellen, ist jedoch verwirrt, wenn er auf einige Fragen antworten soll (besonders Warum-, Wie- und Wann-Fragen)
- wendet Sprache zum Ordnen von Gedanken an, verbindet zwei Ideen durch Satzverbindungen; verwendet häufig Worte wie „aber", „weil" und „wann"; verwendet Wörter mit zeitlichem Bezug wie „vorher", „bis" oder „danach" selten richtig
- kann einfache Geschichten erzählen, muss aber die Wiedergabe von Ereignissen neu beginnen, um einen Gedanken in die Reihenfolge von Abläufen einzuordnen; vergisst häufig den Sinn einer Geschichte und neigt dazu, sich auf besonders beliebte Stellen zu konzentrieren

Sozio-emotionale Entwicklung:

- ☑ kann, je nachdem, welche Erfahrungen mit Gleichaltrigen vorangegangen sind, abseits stehend beobachten, parallel zu anderen alleine spielen, bis er die anderen Kinder besser kennt, oder er kann assoziative Spielformen wählen (neben einem Gleichaltrigen spielen, mit ihm reden und dieselben Spielzeuge benutzen, aber eigene Spielintentionen verfolgen)
- ☑ findet es noch schwierig abzuwarten, bis er an der Reihe ist und teilt nicht gern, wechselt während des Spiels häufig die Form der Aktivität; ist kaum in der Lage, Probleme mit Gleichaltrigen selbstständig zu lösen; braucht normalerweise Hilfe bei zwischenmenschlichen Konflikten
- ☑ spielt gut mit anderen und reagiert positiv unter günstigen Bedingungen im Hinblick auf Materialien, Raum und Beaufsichtigung (Chancen auf gesellschaftlich verträgliches Verhalten geringer, wenn eines dieser Elemente fehlt)
- ☑ verhält sich kooperativer als ein Kleinkind und möchte Erwachsenen gefallen (fällt eventuell in Kleinkindverhalten wie Daumenlutschen, Schubsen, Schlagen oder Weinen zurück, wenn er mit der Lösung eines zwischenmenschlichen Problems nicht zufrieden ist)
- ☑ kann einfache Aufträge ausführen; möchte zeitweise wie ein älteres Kind behandelt werden, kann aber gelegentlich immer noch gefährliche Gegenstände in den Mund nehmen oder verloren gehen, wenn er nicht gewissenhaft beaufsichtigt wird
- ☑ drückt intensive Gefühle wie Angst oder Zuneigung aus

Ein Vierjähriger
(weit verbreitete Erwartungen)

Grobmotorische Entwicklung:

- ☑ rollt beim Gehen den Fuß ab; hüpft ungleichmäßig; läuft gut
- ☑ steht ca. fünf Sekunden auf einem Bein; kommt auf einem niedrigen, 10 cm breiten Schwebebalken zurecht, muss jedoch bei einem halb so breiten Balken beim Balancieren auf die Füße sehen
- ☑ steigt im Wechselschritt Treppen hinunter; zeigt gute Einschätzung beim Platzieren der Füße im Klettergerüst
- ☑ entwickelt ein Gefühl für zeitliche Abläufe und kann seilspringen oder Spiele spielen, die schnelle Reaktionen erfordern
- ☑ beginnt, Bewegungen beim Klettern im Kletterturm oder beim Springen auf einem kleinen Trampolin zu koordinieren
- ☑ zeigt größeres Wahrnehmungsvermögen und Bewusstsein für die eigenen Grenzen und/oder für Konsequenzen gefährlichen Verhaltens; muss beim Überqueren von Straßen oder bei bestimmten Aktivitäten zum eigenen Schutz beaufsichtigt werden
- ☑ zeigt gewisse Ausdauer, mit langen energiegeladenen Phasen (gesteigerter Kalorien- und Flüssigkeitsbedarf); wird manchmal übererregt und hat sich bei Gruppenaktivitäten weniger unter Kontrolle

Feinmotorische Entwicklung:

- ☑ kann mit kleinen Steckern und Steckbrettern umgehen; fädelt kleine Perlen auf (folgt dabei möglicherweise einem Muster); schüttet Sand und Flüssigkeiten in kleine Behälter
- ☑ baut komplexe Gebilde aus Bauklötzen, die sich nach oben erstrecken; zeigt begrenztes räumliches Urteilsvermögen und stößt Dinge leicht um
- ☑ spielt gern mit Spielsachen aus beweglichen Kleinteilen; geht gern mit Scheren um; wiederholt eine Aktivität oft, um sie gut zu beherrschen

- ☑ zeichnet Kombinationen von einfachen Umrissen; zeichnet Menschen mit wenigstens vier Körperteilen und für Erwachsene erkennbare Gegenstände
- ☑ zieht sich ohne Hilfe an und aus; putzt sich die Zähne und kämmt sich; verschüttet selten etwas beim Umgang mit Tassen oder Löffeln; fädelt Bänder in Schuhe oder an Kleidern ein, kann aber noch keine Knoten machen

Sprachliche und kommunikative Entwicklung:

- ☑ weitet seinen Wortschatz auf 4000 bis 6000 Wörter aus; zeigt mehr Verständnis für die Verwendung abstrakter Begriffe
- ☑ beherrscht fast alle Laute der Muttersprache bis auf evtl. Zischlaute (s, z, sch) und schwierige Konsonantenverbindungen (kl- ,gl- ,dr- ,br- ...)
- ☑ singt gern leichte Lieder; kennt viele Reime und Fingerspiele
- ☑ spricht zurückhaltend vor Gruppen; erzählt gern über seine Familie und Erfahrungen
- ☑ verwendet verbale Anweisungen, um Dinge zu bekommen; beginnt, andere zu necken
- ☑ drückt Gefühle mit Mimik aus und achtet auf die Körpersprache anderer; ahmt Verhaltensweisen von älteren Kindern oder Erwachsenen nach (zum Beispiel Handgesten)
- ☑ kann auf Aufforderung für gewisse Zeit die Lautstärke seiner Stimme kontrollieren; kann auf alltägliche kommunikative Anstöße reagieren, z.B. auf „Guten Tag" mit „Hallo" zu antworten, auf „Bitte!" mit „Danke!" usw.
- ☑ verwendet komplexere Satzstrukturen, wie Relativsätze, und experimentiert mit neuen Konstruktionen, was für den Zuhörer mit Verständnisschwierigkeiten verbunden sein kann
- ☑ versucht, mehr mitzuteilen als sein Wortschatz zulässt; erweitert Wörter, um Bedeutungen zu schaffen
- ☑ nimmt neue Begriffe schnell auf, wenn sie mit eigenen Erfahrungen verknüpft sind („Wir führen unseren Hund an einem Gürtel aus. Ach, das ist eine Leine – wir führen ihn an einer Leine aus.")
- ☑ kann eine vier- oder fünfschrittige Anweisung/ Abfolge von Ereignissen in Geschichten wiedergeben

Sozio-emotionale Entwicklung:

- ☑ wählt noch assoziative Spielformen, beginnt jedoch auch mit echtem Austausch und kooperativem Spiel
- ☑ teilt nicht gern – einige Kinder weniger als andere – beginnt aber Reihenfolgen zu verstehen und spielt einfache Spiele in kleinen Gruppen
- ☑ wird ärgerlich, wenn etwas nicht so klappt, wie er es sich vorstellt; spielt die meiste Zeit lieber mit anderen Kindern; versucht problematische Situationen zu lösen, trotz der mangelnden Fähigkeit, alle Konflikte mit sprachlichen Mitteln beizulegen
- ☑ beginnt, anderen spontan etwas anzubieten; möchte Freunden gefallen; macht anderen Komplimente wegen neuer Kleidung oder Schuhe; zeigt Gefallen daran, mit Freunden zusammenzusein und Freunde zu haben
- ☑ hat gelegentlich Wutausbrüche, lernt aber, dass negatives Verhalten negative Sanktionen zur Folge hat; rechtfertigt aggressives Verhalten schnell mit „Er hat angefangen".
- ☑ erkennt immer deutlicher, dass Selbstbeherrschung im Verhalten erwartet wird, findet es aber schwierig, eine Aufgabe zu Ende zu bringen oder lässt sich leicht ablenken und muss an die Aufgabe erinnert werden; zieht sich selbst an und aus; holt sich selbst etwas zu essen oder trinken; räumt auf, ohne dabei ständig angeleitet zu werden, ist aber nicht in der Lage, sehr lange zu warten, egal, was ihm als Konsequenz versprochen wird
- ☑ zeigt größere Fähigkeit, intensive Gefühle wie Angst oder Ärger zu kontrollieren; braucht von Zeit zu Zeit immer noch Hilfe von Erwachsenen, um seine Gefühle auszudrücken oder zu kontrollieren

Ein Fünfjähriger
(weit verbreitete Erwartungen)

Grobmotorische Entwicklung:

- geht schnell rückwärts; Hüpfen und Umdrehen gelingen mit großer Wendigkeit und Geschwindigkeit; kann motorische Fähigkeiten in Spiele einbringen
- balanciert gut auf 5 cm breiten Linien, überspringt Gegenstände
- springt gut; tritt in regelmäßigem Rhythmus auf
- springt mehrere Stufen hinunter; springt Seil
- klettert gut; koordiniert Bewegungen z.B. beim Fahrradfahren
- zeigt sprunghaftes Wahrnehmungsvermögen; handelt bisweilen zu forsch, akzeptiert jedoch Grenzen und befolgt Regeln
- erreicht hohes Aktivitätsniveau; zeigt selten Erschöpfung; findet Inaktivität schwierig und bevorzugt aktive Spiele und Umgebungen

Feinmotorische Entwicklung:

- trifft einen Nagel mit einem Hammer; benutzt Scheren und Schraubenzieher ohne Hilfe
- errichtet dreidimensionale Bauten aus Klötzen; setzt Puzzles mit 10 bis 15 Teilen zusammen
- nimmt Gegenstände gern auseinander und setzt sie wieder zusammen oder zieht gern Puppen an und aus
- kann grundsätzlich rechts und links unterscheiden, verwechselt sie aber gelegentlich
- zeichnet Formen ab; kombiniert beim Zeichnen und Bauen mehr als zwei geometrische Formen
- zeichnet Menschen; schreibt erste Druckbuchstaben ungelenk, aber für Erwachsene erkennbar; bezieht beim Malen Kontext oder Umgebung mit ein; schreibt seinen Vornamen in Druckbuchstaben
- macht Reißverschlüsse zu; macht Knöpfe ohne Schwierigkeiten auf und zu; macht sich die Schuhe mit Unterstützung durch Erwachsene alleine zu; zieht sich schnell an

Sprachliche und kommunikative Entwicklung:

- verwendet einen Wortschatz von 5000 bis 8000 Wörtern, setzt dabei oft Wortspiele ein; hat bei der Aussprache kaum noch Schwierigkeiten
- verwendet längere und komplexere Sätze („Er war gerade an der Reihe, und jetzt bin ich dran.")
- wartet in Gesprächen ab, bis er an der Reihe ist, unterbricht andere seltener; hört anderen zu, wenn neue und interessante Informationen vermittelt werden; zeigt Überreste von Egozentrik im Sprachgebrauch, wenn er beispielsweise voraussetzt, dass sein Zuhörer weiß, wovon die Rede ist (zum Beispiel: „Er hat mir gesagt, ich soll es machen", ohne Angabe, worauf sich die Personalpronomina beziehen)
- teilt Erfahrungen in Worten mit; kennt viele Liedtexte
- ahmt gern andere nach, „kaspert" vor anderen Leuten herum oder wird plötzlich schüchtern
- erinnert sich an einfache Gedichtzeilen und wiederholt ganze Sätze oder Redewendungen von anderen, auch aus Fernsehshows und Werbespots
- geht angemessen mit konventionellen Arten von Kommunikation um, verwendet dabei Stimmmodulation und Veränderungen der Tonhöhe
- verwendet nonverbale Gesten, etwa eine bestimmten Mimik, wenn er Gleichaltrige neckt
- kann mit Übung Geschichten erzählen und wiederholen; wiederholt Geschichten, Gedichte und Lieder gern; spielt gern Szenen oder Geschichten nach
- kann Ideen mit immer größerer Gewandtheit ausdrücken

Sozio-emotionale Entwicklung:

- mag darstellende Spiele mit anderen Kindern
- beginnt mit anderen zusammenzuarbeiten; bildet kleine Gruppen, von denen ein Gleichaltriger ausgeschlossen werden kann
- erkennt, dass er die Macht hat, andere zurückzuweisen; droht mit Worten, Freundschaften aufzulösen und andere Kinder zu bevorzugen

dich nicht zu meinem Geburtstag ein!"); neigt dazu, andere herumzukommandieren, wobei es oft zu viele Anführer und zuwenige Gefolgsleute gibt
- [x] ist gern mit anderen zusammen und kann warmherzig und einfühlsam sein; albert und neckt, um Aufmerksamkeit auf sich zu lenken
- [x] zeigt weniger körperliche Aggression; verletzt eher mit Worten oder droht, jemanden zu hauen
- [x] kann Aufforderungen folgen; lügt bisweilen eher, als dass er zugibt, gegen Regeln und Absprachen verstoßen zu haben
- [x] braucht wenig Hilfe beim Anziehen und Essen; fällt leicht auf Verhaltensweisen früherer Entwicklungsstufen zurück, wenn Gruppennormen nicht seiner Entwicklung entsprechen

Die Checklisten wurden mit freundlicher Genehmigung der „Nationalen Vereinigung für Erziehung von Kleinkindern (NAEYC) abgedruckt.

Ein Sechsjähriger
(weit verbreitete Erwartungen)

Physische Merkmale

- [x] kann Bewegungen gut mit den Augen folgen
- [x] größere Wahrnehmung der Hand als Instrument
- [x] ist oftmals in Eile und fahrig; Geschwindigkeit ist typisch für Sechsjährige
- [x] lärmt im Klassenzimmer
- [x] fällt rückwärts von Stühlen
- [x] lernt rechts und links zu unterscheiden
- [x] orale Tätigkeiten; kaut an Bleistiften, Fingernägeln, Haaren (Zahnwachstum)
- [x] wird schnell müde
- [x] ist häufig krank
- [x] ist gern draußen oder in der Turnhalle

Adaptives Verhalten

- [x] stellt gern Fragen
- [x] mag neue Spiele und Ideen
- [x] mag Ausmalbücher, malt gern
- [x] lernt am besten durch Entdecken
- [x] freut sich mehr über Prozesse als über Ergebnisse
- [x] versucht mehr, als es erreichen kann
- [x] Weiterentwicklung im darstellenden Spiel
- [x] Weiterentwicklung im gemeinsamen Spiel
- [x] Symbole gewinnen an Bedeutung
- [x] besseres Verständnis räumlicher und funktioneller Beziehungen
- [x] aufkeimendes Verständnis für Vergangenheit, wenn sie eng mit der Gegenwart verbunden ist
- [x] erwachendes Interesse an Fertigkeiten und Techniken um ihrer selbst willen

Sprachliche Merkmale

- [x] erläutert gern; ist schnell mit Erklärungen bei der Hand
- [x] liebt Witze und Ratespiele
- [x] lebhafte und begeisterte Sprache
- [x] macht sich Sorgen; beklagt sich
- [x] nimmt Satzenden anderer vorweg

Persönlich-soziale Merkmale
- will Erster sein; liebt Wettbewerbe
- begeisterungsfähig
- bemüht, alles richtig zu machen
- Lob spornt an
- jeder Misserfolg ist schwer zu verkraften
- große Fähigkeit, sich zu vergnügen
- mag Überraschungen und kleine Geschenke
- will in der Schule gut sein
- Neigung zum „Spielverderber"
- erfindet Regeln
- kann herumkommandieren, andere ärgern
- kritisch gegenüber anderen
- bei Verletzungen leicht aus der Fassung zu bringen
- Freunde sind wichtig (hat vielleicht einen besten Freund)
- Übergänge (zügiger Wechsel von Aktivitäten) sind schwierig
- Schule verdrängt das Elternhaus als wichtigsten Umwelteinfluss

Auswirkungen auf den Unterricht

Sechs Jahre alt zu sein, bedeutet, mit großer Energie und großem Eifer auszuprobieren. Daraus ergeben sich viele wichtige Konsequenzen für den Unterricht.

Visuelle und feinmotorische Fertigkeiten
- Die Kinder sollten nur selten von der Tafel abschreiben. Sie tun es, wenn man es ihnen aufträgt, doch zu diesem Zeitpunkt ist es eine schwierige Aufgabe.
- Lücken lassen und auf der Linie schreiben ist schwierig und wird sehr selten über längere Strecken durchgehalten.
- Die Fähigkeit, Linien nachzuziehen, macht den Leseunterricht möglich.

Grobmotorische Fähigkeiten
- Lehrer müssen einen hohen Lärm- und Aktivitätspegel in der Klasse zulassen.
- Lehrer sollten damit rechnen, dass Ergebnisse eher Quantität als Qualität in der Ausführung aufweisen. Die Kinder sind stolz darauf, wie viel sie schaffen, machen sich aber wenig Gedanken darüber, wie ihre Arbeiten aussehen.
- Lehrer können manchmal langsameres Arbeiten und dadurch eine sorgfältigere Ausführung anregen.
- Lehrer sollten berücksichtigen, wie gern Kinder etwas machen, besonders für sich selbst, egal ob sie schulische Aufgaben erledigen, aufräumen oder ihr Pausenbrot essen. Kinder experimentieren gern mit Eigenverantwortung und Verantwortung für eine Gruppe.

Kognitive Entwicklung
- Alle Arten von Spielen sind in diesem Alter beliebt und nützlich. Sprachspiele, Gedichte, Rätsel und Lieder machen ihnen viel Freude. Wissensvermittlung durch Spiele schafft die Grundlage für Lernmuster, die durch das Lernen mit Büchern normalerweise nicht erreicht werden.
- Dies ist das Alter der „explosionsartigen" künstlerischen Entfaltung. Mit Ton und Malfarben arbeiten, Ausmalen, Buchbinden, Weben, Tanzen und Singen sind Aktivitäten, die in diesem Alter oft zum ersten Mal ernsthaft ausprobiert werden. Die Kinder brauchen das Gefühl, dass ihre Versuche eine Wertschätzung erfahren und dass es keine richtige oder falsche Methode gibt, sich einer Kunstform anzunähern. In diesem Alter etwas zu riskieren, fördert die spätere künstlerische Ausdrucksfähigkeit und Kompetenz.
- Die Kinder können beginnen, vergangene Ereignisse zu verstehen (Geschichte), wenn sie eng mit der Gegenwart verknüpft sind. Lehrer sollten bei der Planung von Themen zur Geschichte das Hier und Jetzt im Auge behalten. Exkursionen sind sehr beliebt und erfolgreich, wenn sie entsprechend didaktisch aufbereitet werden.

Persönlich-soziales Verhalten
- Ein Lehrer muss extreme Verhaltensweisen verstehen, aber nicht tolerieren. Mit Wutanfällen, Neckereien, Rechthabereien, Beschwerden und Tuscheleien stellen Sechsjährige ihre Beziehungen zu Autoritäten auf die Probe.

- ☑ Ein Lehrer muss ein ganz besonderes Fingerspitzengefühl für die Wirkung seiner Wort auf Kinder in diesem Alter entwickeln. Ein kleines Lob kann ausreichen, einem Kind in einer schwierigen Situation zu helfen. Harte Kritik kann es sehr verletzen.
- ☑ Lehrer müssen darauf achten, dass sie Spielen den Wettbewerbscharakter nehmen, wenn Sie sie im Unterricht einsetzen. Sechsjährige lieben den Wettstreit und können den Wunsch übertreiben, Erster zu sein und zu gewinnen.

Ein Siebenjähriger
(weit verbreitete Erwartungen)

Physische Merkmale

- ☑ kurzsichtig
- ☑ arbeitet mit dem Kopf ganz nah an der Tischplatte
- ☑ Pinzettengriff um die Bleistiftspitze
- ☑ manchmal angespannt
- ☑ mag enge Räume

Adaptives Verhalten

- ☑ wiederholt gern Gelerntes
- ☑ braucht Abschlüsse, muss Aufgaben zu Ende bringen
- ☑ arbeitet gern langsam
- ☑ arbeitet gern allein
- ☑ kann spontan klassifizieren
- ☑ lässt sich gern vorlesen
- ☑ Reflexionsfähigkeit nimmt zu
- ☑ radiert ständig aus; strebt perfekte Ergebnisse an
- ☑ mag Spielzeuge zum Zusammenbauen
- ☑ will herausfinden, wie Sachen funktionieren; nimmt Sachen gern auseinander

Sprachliche Merkmale

- ☑ guter Zuhörer
- ☑ genauer Erzähler
- ☑ mag Einzelgespräche
- ☑ Wortschatz erweitert sich schnell
- ☑ Interesse an Wortbedeutungen
- ☑ verschickt gern Nachrichten
- ☑ Interesse an allen möglichen Codes

Persönlich-soziale Merkmale

- ☑ manchmal in sich gekehrt, zurückgezogen
- ☑ manchmal launisch oder schüchtern
- ☑ empfindlich („niemand mag mich")
- ☑ wechselhafte Gefühle
- ☑ braucht Sicherheit, Strukturen
- ☑ verlässt sich auf Hilfe durch den Lehrer

- ☑ braucht Sicherheit, Strukturen
- ☑ verlässt sich auf Hilfe durch den Lehrer
- ☑ macht oder riskiert nicht gern Fehler
- ☑ empfänglich für die Gefühle anderer
- ☑ gewissenhaft; ernsthaft
- ☑ kann Zimmer und Schreibtisch in Ordnung halten
- ☑ braucht ständige Bestätigung
- ☑ baut meistens nur zu einem Lehrer eine intensive Beziehung auf
- ☑ entwickelt starke Vorlieben und Abneigungen

● Auswirkungen auf den Unterricht

Siebenjährige sind oftmals in sich gekehrt, launisch und arbeiten gern allein. Auch hieraus ergeben sich Konsequenzen für den Unterricht.

Visuelle und feinmotorische Fähigkeiten

- ☑ Die Schrift der Kinder, ihre Zeichnungen und Zahlen sind meist sehr klein. Die Kinder neigen beim Arbeiten den Kopf tief herunter und schließen dabei oft ein Auge oder halten es sich zu.
- ☑ Die Kinder bleiben beim Schreiben dicht über der Linie und finden es schwierig, Platz auszufüllen.
- ☑ Die Kinder halten den Stift mit Pinzettengriff am unteren Ende und haben Schwierigkeiten, ihren Griff zu lockern.

Grobmotorische Fähigkeiten

- ☑ Lehrer können Stille im Klassenzimmer, ununterbrochene, ruhige Arbeitsphasen und seltene Verhaltensabweichungen einplanen.
- ☑ Die Kinder ziehen Brettspiele den sportlichen Ballspielen vor. Spielplatzspiele wie Seilspringen, Himmel und Hölle, Hüpfkästchen sind beliebter als Mannschafts- oder Gruppenspiele.

Kognitive Entwicklung

- ☑ Lehrer müssen auf Regelmäßigkeit und das Bedürfnis der Kinder nach Abgeschlossenheit achten. Die Kinder wollen die Arbeit zu Ende bringen, die sie angefangen haben. Vor allem Tests mit Zeitlimit können Schwierigkeiten bereiten.
- ☑ Die Kinder arbeiten gern allein oder zu zweit. Auswendiglernen ist eine beliebte Beschäftigung. Die Kinder haben Spaß an Codes, Puzzlespielen und anderen Geheimnissen.
- ☑ Die Kinder möchten perfekte Arbeiten abliefern. Ergebnisse zu würdigen und Arbeiten gebührend auszustellen, ist angemessen.
- ☑ Die Kinder mögen es, Aufgaben zu wiederholen und mit dem Lehrer zu überarbeiten. Sie erzählen ihm viel über Pläne und Vorhaben.
- ☑ Entdeckendes Lernen lässt sich erfolgreich einsetzen; die Kinder sind wissbegierig und wollen herausfinden, wie Sachen funktionieren. Sie sammeln und sortieren gern.

Persönlich-soziales Verhalten

- ☑ Lehrer sollten mit häufigem Wechsel von Freunden rechnen. Die Kinder arbeiten am besten allein oder zu zweit; akzeptieren vom Lehrer aufgestellte Sitzordnung.
- ☑ Veränderungen im Stundenplan bringen Unruhe; gute Planung von Vertretungen ist wichtig.
- ☑ Lehrer sollten die Ernsthaftigkeit im Unterricht durch Humor und Spiele auflockern.
- ☑ Kommunikation mit den Eltern ist in dieser wechselhaften Phase oft von elementarer Bedeutung.

Ein Achtjähriger
(weit verbreitete Erwartungen)

Physische Merkmale
- ☑ Wachstum verlangsamt sich
- ☑ Körperkontrolle nimmt zu
- ☑ wird geschickter beim Fahrradfahren
- ☑ Körpermotorik ist merklich verbessert
- ☑ Bastelaufgaben und Projekte werden sorgfältig und mit Geschick zu Ende gebracht

Adaptives Verhalten
- ☑ Denkweise wird logischer und systematischer
- ☑ greift auf Parallelen zu Erfahrungen der Vergangenheit zurück, um neue Erfahrungen zu bewältigen
- ☑ wird verantwortungsbewusster und unabhängiger

Sprachliche Merkmale
- ☑ kann mit Ausnahmenregeln der Grammatik umgehen
- ☑ entwickelt immer komplexeres Verständnis von Syntax
- ☑ Kommunikation ist teilweise beschränkt durch die Unfähigkeit, sich in andere hineinzudenken
- ☑ hat manchmal Schwierigkeiten, eine Geschichte richtig nachzuerzählen, weil es wesentliche Informationen auslässt

Persönlich-soziale Merkmale
- ☑ möchte nach festgelegten Regeln spielen und gewinnen
- ☑ Vorstellung von Regeln sind noch vage
- ☑ gehemmt durch Respekt vor Erwachsenen und anderen Kindern
- ☑ weigert sich oft, Reneländerungen zu akzeptieren
- ☑ wird unabhängiger und verantwortungsbewusster

Auswirkungen auf den Unterricht

Visuelle und feinmotorische Fähigkeiten
- ☑ Zeichnungen treten in die Schemaphase ein und zeigen, dass Anordnung, Ausgewogenheit und Perspektive in Betracht gezogen werden.
- ☑ Hand- und Fingermotorik wird verbessert.

Grobmotorische Fähigkeiten
- ☑ Bei aktiven Spielen sollte das Hauptaugenmerk auf Fähigkeiten liegen, die für organisierte Spiele und Sportarten erforderlich sind.
- ☑ Aktivitäten wie das Balancieren auf dem Schwebebalken, Fangen, Staffelläufe ermöglichen es den Kindern, ihre Körpermotorik zu verbessern.

Kognitive Fähigkeiten
- ☑ Solange Probleme sich im Bereich ihrer unmittelbaren Erfahrungen bewegen, sind die Kinder in der Lage, logisch zu argumentieren. Lehrer sollten bedenken, dass Kinder in diesem Alter zwar logischer denken, aber immer noch Schwierigkeiten haben, komplizierte Situationen zu erklären.
- ☑ Informationen und Konzepte müssen vom Lehrer auf möglichst viele unterschiedliche Arten präsentiert werden, um den verschiedenen Neigungen und Fähigkeiten der Kinder gerecht zu werden.
- ☑ In diesem Alter lernen Kinder am besten an konkreten Gegenständen und dadurch, dass sie selbst tun, was sie gerade lernen.

Persönlich-soziales Verhalten
- ☑ Die Beziehung der Kinder zu Gleichaltrigen gewinnt an Intensität und Bedeutung.
- ☑ Lehrer sollten die Kinder an Gruppenaktivitäten beteiligen, mit denen sie Akzeptanz erlangen, Rollen etablieren und Prestige erwerben. Durch die Interaktion mit ihrem Lehrer lernen die Kinder, Beziehungen zu Erwachsenen außerhalb der Familie aufzubauen und werden allmählich unabhängiger. Ein Lehrer sollte Achtjährige ermuntern, Verantwortung zu übernehmen.

Diese Checklisten von Entwicklungskriterien wurden mit freundlicher Genehmigung des Ministerium für Erziehung in Mississippi abgedruckt.

Aufbewahrung der Dokumente

Die Frage nach der Aufbewahrung wird häufig gestellt. „Wo sollen wir hin mit all diesen Unterlagen?" Auch hier gibt es mehr als eine Antwort. Ihre Entscheidung hängt davon ab, welche **Aufbewahrungsmöglichkeiten** Sie bereits haben und welche Ihnen am besten gefallen. Für die meisten Dokumente können Sie **Ordner, Sammelmappen, Unterschriftenmappen, Schnellhefter** oder sogar **Schuhkartons** nehmen. Zu Beginn Ihrer Arbeit mit Portfolios bestehen Ihre Portfolios wahrscheinlich aus einfachen Sammelmappen oder großen braunen Briefumschlägen. Wenn Portfolios zum festen Bestandteil Ihres Unterrichts geworden sind, werden diese Unterbringungsmöglichkeiten vermutlich nicht mehr ausreichen.
Die Behältnisse müssen **robust** und **einfach zu beschriften** sein.
Lern-Portfolios sollten so geräumig sein, dass eine große Anzahl von Arbeitsproben hineinpassen.
Das **private Portfolio** und das **Präsentations-Portfolio** können aus einfachen Ordnern bestehen. Wenn Sie nach und nach weitere Methoden der Entwicklungs- und Leistungsbewertung wie Audio- und Videoaufzeichnungen einführen, lässt sich das Dokumentationsmaterial nicht mehr in einem Ordner unterbringen. Videobänder können Sie in der Nähe vom Fernseher aufbewahren und Audiokassetten beim Kassettenrekorder.
Tatsächlich können Portfolios schließlich jeden Winkel Ihres Klassenzimmers bunter machen. Sammeln Sie die **Lern-Portfolios**, die die Kinder laufend ergänzen und überarbeiten, in einem **niedrigen Regal**. Stellen Sie **Datumsstempel** zur Verfügung, damit die Kinder ihre Arbeitsproben schnell mit dem aktuellen Datum versehen können.
Fotos können die Kinder selber sortieren und in ihre Portfolios stecken oder im Klassenzimmer oder Flur aushängen.

Geben Sie den Kindern auch Gelegenheit, **Videoaufnahmen** von sich und anderen anzusehen.
Private Portfolios mit medizinischen Informationen, Ihren Entwicklungsberichten und anderen vertraulichen Mitteilungen befinden sich in einer Schublade in **Ihrem Schreibtisch**.

Zusammenfassende Bemerkungen

In diesem Kapitel haben wir die drei Arten von Portfolios und die vielen verschiedenen Dokumente beschrieben, die darin gesammelt werden. Wie Sie festgestellt haben, beinhaltet die Entwicklungs- und Leistungsbewertung mit Portfolios mehr als das bloße Sammeln von Zeichnungen und schriftlichen Arbeiten. Die schrittweise Einführung von Portfolios macht Sinn.
Im folgenden Kapitel führen wir Sie durch unser **10-Schritte-Programm** zur Arbeit mit Portfolios, damit Sie die Reflexion, Kommunikation und das Lernen, wie es in Ihrem Unterricht oder bei Ihren Lernangeboten ununterbrochen stattfindet, steigern können.

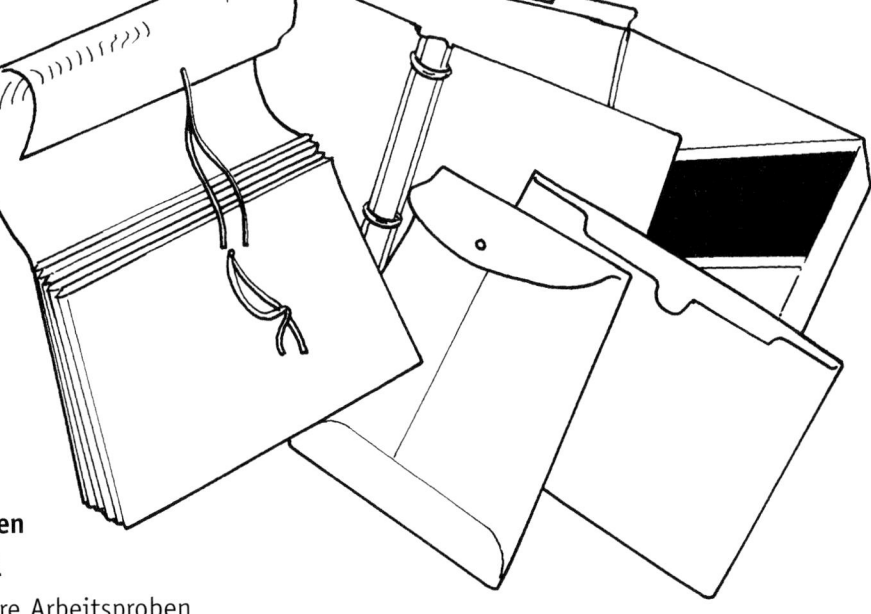

Kapitel 5

Das 10-Schritte-Programm zur Arbeit mit Portfolios

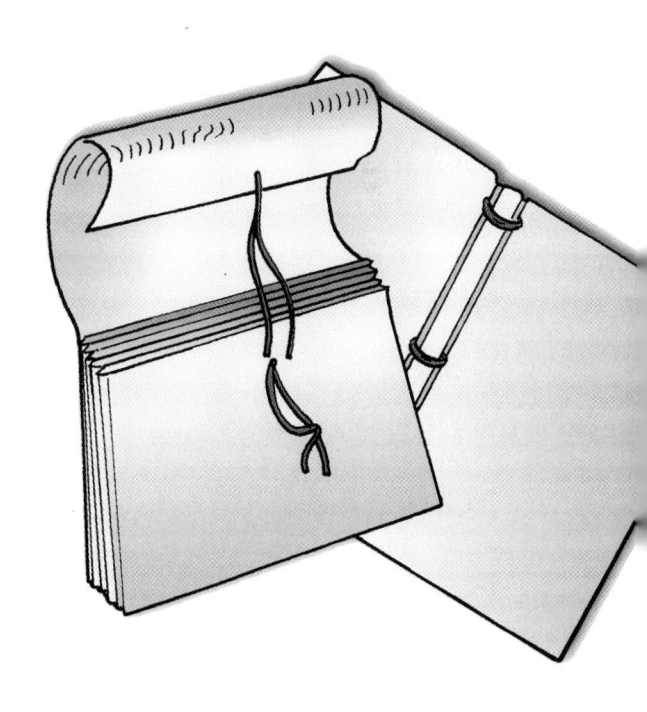

Zehn systematische Schritte

In diesem Kapitel führen wir Sie durch die zehn Schritte unseres **Portfolio-Programms**. Nachdem Sie eine Portfolio-Strategie formuliert haben, geht es weiter mit der am weitesten verbreiteten Portfolio-Methode, mit dem Sammeln von Arbeitsproben. Als Höhepunkt steuern wir die Verwendung von Portfolios beim Übergang von einer Einrichtung zur anderen an. Wenn Sie einige dieser Schritte schon umgesetzt haben, können Sie hier zusätzliche Ideen für Ihr gegenwärtigen Systems zur Entwicklungs- und Leistungsbewertung finden. Wir raten Ihnen, die Schritte in der Reihenfolge auszuführen, die für Sie am besten passt, denn die besten Portfolio-Systeme ergeben sich aus den Interessen und Bedürfnissen einer Lernergemeinschaft. Für die meisten Kindergärten und Grundschulen wird es jedoch das Beste sein, mit den **ersten drei Schritten** zu beginnen und sie im ersten Jahr anzuwenden.

Überblick

1. Eine Portfolio-Strategie formulieren
2. Arbeitsproben sammeln
3. Fotos machen
4. Lerntagebücher einsetzen
5. Kinder interviewen
6. Systematisch beobachten
7. Situationsbezogen beobachten
8. Entwicklungsberichte schreiben
9. 3-Parteien-Portfolio-Gespräche führen
10. Präsentations-Portfolios zusammenstellen

Bei den meisten Schritten des Portfolio-Programms präsentieren wir die Informationen in Abschnitten mit den Überschriften „Vorbereitung", „So können Sie beginnen", „Weitergehende Schritte" und „Familien einbinden!".
Der Abschnitt „*Vorbereitung*" enthält **Hintergrundinformationen** zu dem jeweiligen Programm-Schritt. Der Abschnitt „*So können Sie beginnen*" besteht aus einer Reihe von **Maßnahmen zur Einführung der Methode**.

Die *letzten beiden Abschnitte* geben Anregungen zur **Erweiterung der Methode** und für die **Arbeit mit Familien**.

Wenn Sie mit einem Kollegen oder einem Elternteil zusammenarbeiten, sprechen Sie **jeden** einzelnen Schritt durch, bevor Sie ihn umsetzen. Arbeiten Sie einen **Plan** aus, der Ihren Bedürfnissen und Ihren Gegebenheiten entspricht. Stellen Sie einen **Zeitplan** für Anfang und Abschluss eines Schrittes auf und notieren Sie, **wann** Sie welches **Ziel** erreichen wollen.

Erster Schritt: Eine Portfolio-Strategie formulieren

Vorbereitung

▷ Wie füge ich die Entwicklungs- und Leistungsbewertung mit Portfolios in meine Schule oder meine Einrichtung ein?
▷ Was mache ich mit all den Materialien in den Portfolios?
▷ Wie benote ich die Arbeitsproben der Kinder?
▷ Wie lassen sich Portfolios mit Lernzielkontrollen/ standardisierten Tests und Zeugnissen vereinbaren?

Dies sind **komplexe** und **grundlegende Fragen** zur Leistungsbewertung mit Portfolios. Zu jeder Frage gibt es mehr als eine mögliche Antwort.

Das 10-Schritte-Programm zur Arbeit mit Portfolios ist so angelegt, dass es einen kontinuierlichen Lernprozess bei Kindern, Lehrern und Eltern fördert und geht daher von folgenden Prämissen aus:

1. Die meisten Arbeiten nehmen die Kinder am Ende mit nach Hause.
2. Das Portfolio ist zwar ein Bestandteil eines Systems zur Leistungsbewertung, das darüber hinaus auch Noten und einen Einsatz von Lernzielkontrollen vorsieht (trifft eher auf den Primar- als auf den

Elementarbereich zu), doch die Portfolios sollten die Grundlage des gesamten Bewertungssystems bilden.
3. Die meisten Arbeitsproben werden nicht nach Kriterienrastern (Noten oder Punkte) bewertet.

Allerdings muss jeder Kindergarten bzw. jede Grundschule diese und andere Fragen für sich beantworten. Wir sind der Ansicht, dass Sie nur dann erfolgreich mit Portfolios arbeiten können, wenn Sie vor ihrer Einführung die oben genannten Fragen beantworten – und wenn Sie Eltern an der Entwicklung der Portfolio-Strategie beteiligen und die Eltern immer wieder an diese Strategie erinnern, nachdem sie offiziell beschlossen wurde.

> *Eine Portfolio-Strategie ist ein kurzer Kriterienkatalog, nach dem Dokumente zur Aufbewahrung ausgesucht werden.*

Die Strategie stellt eine Verbindung zwischen dem Sammeln von Dokumenten und Ihren übergeordneten Forschungs- und Bildungszielen dar.
Eine erfolgreiche Portfolio-Strategie kann allmähliche Veränderungen in ihrem „Lehrplan" und Unterricht bewirken. Die Formulierung einer Portfolio-Strategie muss mit der **genauen Betrachtung** des Auftrags oder der Ziele Ihrer Einrichtung oder Schule beginnen. Dann fügen Sie zu dieser Liste Ihre **eigenen Lernziele** und Ihr **berufsbezogenes Interesse** hinzu.
Die Portfolio-Strategie gibt auch an, wie die Entwicklungs- und Leistungsbewertung mit Portfolios die standardisierte Leistungsbewertung und Benotungsmethoden (z.B. Tests und Ziffernnoten) ergänzt.

Hier sind einige hypothetische Beispiele, wie die Entwicklung einer Strategie beginnen könnte:

▷ Ihr Kindergarten hat bei der Arbeit das einzelne Kind stark im Blick, vermittelt aber nur wenige Informationen über die Fortschritte der Kinder. Für Sie ist es vielleicht wichtig, eine Strategie zu entwickeln, wie Sie Beispiele sammeln können, die Meilensteine der Entwicklung dokumentieren.

▷ Sie arbeiten in einem Kindergarten, in der die Eltern großen Wert auf „schulische Kompetenzen" legen und Stillarbeit in einem unangemessenen Ausmaß erwarten. In Ihrer Portfolio-Strategie könnten Sie die Bedeutung von Fotos und systematischer Beobachtung bei der Dokumentation des lernerischen Nutzens von spielerischen Aktivitäten betonen.

▷ Sie arbeiten an einer Schule, die in ihrem Schulprogramm detaillierte Lernziele und ein ausgefeiltes System von Lernzielkontrollen zur Überprüfung von klar definierten Kompetenzen aufgestellt hat. Das System verlangt von Lehrern, dass sie häufig kurze Tests durchführen, um die Leistung der Klasse transparent zu machen. Eine Portfolio-Strategie, die das Sammeln von zeitlich aufeinanderfolgenden Entwürfen z.B. zu verschiedenen Textsorten wie Aufsätzen oder Berichten betont, würde in dieser Schule die Lehrer ermuntern, ein Gleichgewicht zwischen rein ergebnisorientiertem Arbeiten und Reflexionen der Kinder herzustellen.

Eine **entwicklungsgemäße Portfolio-Strategie** für Kindergarten und Grundschule wird für das Sammeln von einigen Dokumenten einen Katalog von Lernzielen heranziehen und gleichzeitig Kinder, Lehrer/Erzieher und Eltern ermuntern, bei der Auswahl anderer Dokumente zusammenzuwirken. Es ist wertvoll für Lehrer/Erzieher, bei der Auswahl bestimmter Dokumente für Portfolios speziellen Kriterien zu folgen. Die Standardisierung einiger Sammlungen macht es künftigen Lehrern möglich, die Entwicklungsfortschritte eines Kindes schnell nachzuvollziehen, die sich an Zeichnungen und anderen Arbeitsproben erkennen lassen. Die Portfolio-Strategie sollte sicherstellen, dass Sie solche Dokumente als **Ausgangsbeispiele** sammeln. Allerdings können wir die Vorzüge von Portfolios für ein schülerzentriertes Lernen nicht voll ausschöpfen, wenn nicht auch die **Kinder selbst an der Auswahl** von Arbeiten für ihre Portfolios beteiligt werden. Durch die Auswahl von Arbeiten, die aufbewahrt werden sollen, und durch die eingehende Betrachtung dieser Arbeiten mit zeitlichem Abstand beginnen die Kinder ihre eigene Entwicklung als Lerner zu ermessen. Mit diesem Verständnis können sie bei der Beurteilung ihrer Fortschritte und der Planung ihrer nächsten Schritte eine echte Zusammenarbeit mit ihren Lehrern/Erziehern eingehen.

Hier ist ein Beispiel für eine Portfolio-Strategie, die für verschiedene Einrichtungen ausgeweitet und überarbeitet werden kann:

Eine klare Portfolio-Strategie sollte:

- *die Absicht(en) des Portfolios benennen, wie z.B. die verbesserte Kommunikation innerhalb der Lernergemeinschaft.*
- *die Arten der Dokumente benennen, die gesammelt werden.*
- *festlegen, dass Lehrer/Erzieher, Kind und Eltern(teil) – wenn möglich – bei der Auswahl von Arbeiten für das langfristige Portfolio zusammenarbeiten.*
- *möglicherweise festlegen, wann welche Arten von Dokumenten gesammelt werden.*
- *verdeutlichen, nach welchen Ergebnissen, Maßstäben oder Kriterien einzelne Arbeiten wie analytische Aufgaben beurteilt werden.*
- *festlegen, dass zu bestimmten Zeiten im Schuljahr 3-Parteien-Portfolio-Gespräche stattfinden und die Zeiten den Möglichkeiten der Eltern angepasst werden.*
- *angeben, welche Maßnahmen zum Schutz vertraulicher Informationen ergriffen werden.*
- *das Verfahren zur Weitergabe von Arbeiten an Eltern und die Aufbewahrung von Arbeiten von einem Jahr ins nächste festlegen.*

Portfolio-Strategie des Regenbogen-Kindergartens

1. Alle Erzieher des Kindergartens werden eine Reihe von Arbeitsproben, Fotos, Lerntagebüchern und systematischen und situationsbezogenen Aufzeichnungen in einzelnen Lern-Portfolios sammeln. Kinder und Erzieher werden auf diese Arbeiten während eines kontinuierlichen Planungs- und Bewertungsprozesses zurückgreifen und sie als eine Form der Dokumentation verwenden, um die Fortschritte jedes einzelnen Kindes im Hinblick auf die Lernziele des Kindergartens zu belegen. Die Erzieher werden ihre Beurteilungen, zu denen sie auf der Grundlage der Portfolios gelangen, am Ende eines jeden Jahres in Entwicklungsberichten zusammenfassen.

2. Die Erzieher verschaffen den Kindern Zugang zu ihren Lern-Portfolios, damit sie sie überarbeiten und beteiligen sie an der Auswahl von Arbeiten zur Aufbewahrung in Portfolios.

3. Die Erzieher verschaffen Eltern und anderen Erziehungsberechtigten Zugang zu den Lern-Portfolios, damit sie sie bei regelmäßig stattfindenden 3-Parteien-Portfolio-Gesprächen und bei anderen Gelegenheiten einsehen können, wenn sie es wünschen. Die Erzieher werden Eltern und andere Erziehungsberechtigte ermuntern, Arbeiten zu den Portfolios ihrer Kinder hinzuzufügen und sie mit ihren eigenen Kommentaren zu versehen.

4. Erzieher, Kinder und Eltern oder andere Erziehungsberechtigte werden bei der Auswahl von Dokumenten mit Schlüsselcharakter für Präsentations-Portfolios zusammenarbeiten. In den Präsentations-Portfolios werden auch Kopien der Entwicklungsberichte aufbewahrt.
Die restlichen Dokumente im Portfolio werden am Ende der Kindergartenzeit dem Kind und den Eltern oder anderen Erziehungsberechtigten übergeben.

Das folgende Beispiel zeigt eine Variante der Portfolio-Strategie für den Primarbereich:

> *Portfolio-Strategie der Gemeinschaftsgrundschule am Waldweg*
>
> *1. Jeder Lehrer der Grundschule am Waldweg wird eine Reihe von Arbeitsproben, Fotos, Lerntagebüchern und systematischen und situationsbezogenen Aufzeichnungen in den Lern-Portfolios sammeln.*
>
> *2. Kinder und Lehrer werden auf diese Dokumente während des kontinuierlichen Planungs- und Bewertungsprozesses zurückgreifen und sie als eine Form der Dokumentation der Fortschritte jedes einzelnen Kindes im Hinblick auf die Lernziele der Schule verwenden.*
>
> *3. Die Lehrer werden ihre Beurteilungen, zu denen sie auf der Grundlage der Portfolios gelangen, am Ende eines jeden Halbjahres in Entwicklungsberichten zusammenfassen.*

So können Sie beginnen

1. Legen Sie **Termine** fest, bei denen die Portfolio-Strategie in kleinen Gruppen von Lehrern/Erziehern und Elternvertretern diskutiert wird. Halten Sie die Kommentare in den Kleingruppen fest.
2. Ernennen Sie ein **Komitee** aus Lehrern/Erziehern und Elternvertretern, das alle Kommentare zur Portfolio-Strategie diskutiert und einen **Strategieentwurf** verfasst.
3. Verteilen Sie den **Strategieentwurf** mit der Bitte um weitere Kommentare.
4. Nehmen Sie – falls nötig – **Nachbesserungen** vor.
5. Verabschieden Sie die Strategie und binden Sie sie ins **Schulprogramm** ein. **Datieren** Sie sie, um späteren Missverständnissen vorzubeugen.
6. Verteilen Sie die verschriftlichte Strategie an alle Mitglieder der Gemeinschaft, inklusive Lehrer/Erzieher und Eltern.
7. Legen Sie den **zeitlichen Rahmen** für eine **Versuchsphase** fest.
8. Legen Sie einen Zeitpunkt fest, zu dem über **Erfahrungen** mit der Strategie und ihrer **Umsetzung** diskutiert wird.

Familien einbinden!

▶ *Eltern müssen Ihr übergeordnetes System zur Bewertung und Beurteilung der Kinder und ihrer Leistung verstehen. Es ist wichtig, dass sie die Lernstandards oder -kriterien kennen und befürworten. Wirksame Portfolios können Ihnen helfen, den Eltern zu demonstrieren, welche Fortschritte ihre Kinder im Rahmen spezifischer Kriterien machen und gleichzeitig die einzigartigen Qualitäten der Kinder dokumentieren.*

▶ *Fügen Sie jedem Zeugnis, das Sie den Kindern nach Hause mitgeben, eine freundliche Notiz über die Bedeutung von Portfolios im System der Entwicklungs- und Leistungsbewertung bei.*

▶ *Legen Sie eine Kopie der Portfolio-Strategie dazu. Erläutern Sie, welche Möglichkeiten die Eltern haben, die Portfolios einzusehen.*

Hier ist ein Beispiel für einen einführenden Brief, den Sie den Eltern schicken könnten:

> Liebe Familien,
>
> wir möchten wissen, wie Ihr Kind wächst und lernt. Wir verwenden eine Reihe von Methoden, um ihre Fortschritte zu beobachten und zu dokumentieren.
>
> Portfolios mit Sammlungen ihrer Arbeiten, mit Fotos und schriftlichen Aufzeichnungen anzulegen ist Teil unseres Systems. Im Laufe des Jahres wird Ihr Kind viele Gelegenheiten haben, über seine Fortschritte und Lernziele zu sprechen.
>
> Wir möchten auch Sie beteiligen. Die folgenden Informationen erklären unser Portfolio-System und zeigen, wie wir versuchen sicherzustellen, dass jede Familie am Alltag unserer Einrichtung teilnehmen kann.
>
> Bitte lassen Sie es uns wissen, wenn Sie Vorschläge oder Fragen haben!
>
> Wir freuen uns darauf, von Ihnen zu hören!

Heben Sie hervor, dass Sie an **Kommentaren der Eltern** zu den Fortschritten ihres Kindes interessiert sind. Ermuntern Sie sie, Anmerkungen, Schnappschüsse, Zeichnungen etc. für die Portfolios der Kinder von zu Hause zu schicken.

Zweiter Schritt: Arbeitsproben sammeln

Vorbereitung

Ihre Portfolio-Strategie stellt einen **Kriterienkatalog** dar, durch den festgelegt ist, welche Arbeitsproben (Zeichnungen, Bilder oder schriftliche Arbeiten) ausgesucht und gesammelt werden.

Nun müssen Sie weitere Entscheidungen treffen:

- Werden Sie alle schriftliche Arbeiten, Bilder von Mathematikaktivitäten, Zeichnungen und andere Arten von Arbeitsproben sammeln oder nur ausgewählte Beispiele?
- Werden Sie für jedes Kind eine festgelegte Anzahl von Arbeitsproben sammeln?
- Werden Sie die Arbeitsproben in regelmäßigen Abständen sammeln? (Wöchentlich? Zweimal in der Woche?) Oder werden Sie Arbeitsproben sammeln, wenn es Ihnen sinnvoll erscheint?
- Werden Sie nur die „besten Arbeiten", typische Arbeiten oder beides sammeln?
- Werden Sie einige Arbeiten mit Noten oder Bewertungen versehen? Wenn ja: wer erstellt das Notensystem?

Wir sind der Ansicht, dass es in der frühkindlichen Erziehung und Bildung angemessener ist, sich beim Sammeln von Arbeitsproben eher auf die Arbeiten zu konzentrieren, die die Kinder **freiwillig** produzieren **(authentische Arbeitsproben)** als auf solche nach einem festgelegten Zeitplan erstellte Arbeiten.

Das hilft sicherzustellen, dass die eingesammelten Arbeitsproben die **individuellen Stärken** der Kinder aufzeigen. Auf diese Weise werden die Portfolios einiger Kinder schließlich mehr schriftliche Arbeiten enthalten, während in anderen mehr Zeichnungen, Fotos oder dreidimensionale Arbeiten liegen.

Bitte sagen Sie einem Kind nicht, dass es „ein Bild mit Boden und Himmel" malen soll, wenn Sie feststellen wollen, ob das Kind die Schemaphase beim Malen erreicht hat. Ein solcher Auftrag wäre eine **analytische Aufgabe,** und wenngleich analytische

Leistungsbewertung durchaus sinnvoll sein kann, ist dies eine andere Methode als das Sammeln von authentischen Arbeitsproben.

Vielleicht möchten Sie, dass die Kinder Notizen, Entwürfe, aktuelle Projekte und Quellenmaterial in ihren Portfolios aufbewahren. Wir schlagen vor, dass **Sie** Arbeitsproben für ein **Lern-Portfolio** sammeln (eine Beschreibung der unterschiedlichen Portfolio-Arten finden Sie auf den Seiten 38–39). So kann das Kind Beweise für seine Bemühungen aufbewahren und später wieder betrachten.

Vielleicht sind Sie der Ansicht, dass eine Arbeit **vorübergehend** im Lern-Portfolio aufbewahrt werden sollte, entweder als Informationsquelle oder als Modell für eine spätere Lernaktivität oder weil Sie es später ins Präsentations-Portfolio stecken möchten. (Denken Sie daran: Tagebucheinträge dürfen nur dann als Arbeitsproben kopiert werden, wenn das Kind seine Einwilligung gegeben hat.) Wenn das zutrifft, fragen Sie das Kind, ob es damit einverstanden ist, dass die Arbeit ins Lern-Portfolio wandert.

Wenn es die Arbeit lieber mit nach Hause nehmen möchte, machen Sie eine **Fotokopie** für das Lern-Portfolio. Wenn das Kind dann eine Aufgabe oder ein Projekt abschließt, können Sie mit ihm gemeinsam seine Arbeit ansehen, beurteilen und besprechen. Wie Sie dabei vorgehen sollten, sagen wir Ihnen in den anschließenden Hinweisen. Während dieser Reflexion überlegen Sie gemeinsam, bei welchen Materialien es wichtig ist, dass sie weiterhin im Lern-Portfolio aufbewahrt werden – vielleicht wären einige Skizzen bei einem anderen Projekt von Nutzen. Andere Materialien können nach Hause mitgenommen oder weggeworfen werden.

Da die **Vervielfältigung von Bildern** und **farbigen Arbeiten** auf einem Farbkopierer recht teuer sind, versuchen Sie **Eltern** mit Zugang zu einem Farbkopierer zu finden, die die Kopien **spenden** können. Als Alternative empfiehlt sich der Versuch, mit einem günstig gelegenen Kopierladen einen Rabatt auszuhandeln. Wenn Eltern oder eine Firma die Kosten für Farbkopien ganz oder teilweise übernehmen, sollten Sie diese Unterstützung in Präsentationen oder in Elternbriefen immer dankend erwähnen.

> *Das Beste ist es, in jeder Art von Portfolios **viele verschiedene** Dokumente zu sammeln, jede Arbeit zu **datieren** und Ihre eigenen **Anmerkungen** zu ihrer Bedeutung hinzuzufügen. **Zur Erinnerung:** Überlegen Sie sich, **was** Sie bewerten wollen und ob dieser Portfolio-Schritt zu dem passt, was Sie sich vorgenommen haben. Sehen Sie sich die anderen Schritte im Portfolio-Programm an. Wäre eine dieser Methoden für Ihre Zwecke besser geeignet?*

So können Sie beginnen

1. Wählen Sie eine Arbeitsprobe als **Ausgangsbeispiel** zur Aufbewahrung im Lern-Portfolio oder im Präsentations-Portfolio aus. Arbeiten Sie dabei immer mit einem Kind zusammen und verfahren Sie nach **festgelegten Kriterien**.
Stellen Sie Ihre **Ordner** oder **Kästen** und mehrere **Datumsstempel** so hin, dass die Kinder sie erreichen können. Bitten Sie das Kind, seinen **Namen** auf die Arbeit zu schreiben, sie mit dem **Datum** zu versehen und in **sein Portfolio** zu legen. Sagen Sie: „Wir können uns dein Bild (oder deine Geschichte) später noch einmal ansehen und uns überlegen, was daran so gut ist."

2. Bitten Sie das Kind, **kurze Kommentare** zu seiner Arbeitsprobe zu diktieren oder selbst zu schreiben. Stellen Sie ihm **Fragen**, die es zum **Nachdenken** über seine Arbeit anregen. Dabei sollten Sie einfache, offene Fragen wählen. Hören Sie auf zu fragen, wenn Sie den Eindruck haben, dass sich das Kind in dieser Situation nicht wohlfühlt.
   - Wie hast du diese Arbeit gemacht?
   - Was gefällt dir daran?
   - Was hättest du lieber anders gemacht?
   - Würdest du gern noch ein Projekt wie dieses ausprobieren?

In dieser Phase ist es wichtig festzuhalten, **warum** das Kind eine bestimmte Arbeit ausgewählt hat.

Regen Sie es an, seine Gedanken zu diktieren: „Ich finde dieses Bild sehr gut, weil der Zaun neben dem Haus gerade weitergeht und nicht nach oben."
Sie können einen **Kommentar** hinzufügen: „Karolin nimmt Winkel und Perspektiven in ihren Bildern wahr."
Zunächst werden die Kinder Ihnen recht einsilbige Antworten geben oder mit dem allseits beliebten „Ich weiß nicht" aufwarten. Während Ihrer Arbeit mit dem Kind im Rahmen dieses Programms werden die Antworten ausführlicher und der Vorgang weniger befremdlich werden.

Das **Gespräch über Arbeitsproben** hilft, die Kinder auf die nächsten Schritte im Portfolio-Programm vorzubereiten: Fotos kommentieren, Einträge in ihre Lerntagebücher machen und an längeren Interviews teilnehmen. In der rechten Spalte sehen Sie die Abbildung eines Vordrucks für Kommentare der Kinder zu ihren Arbeitsproben. Eine kopierfähige Seite mit dieser Vorlage finden Sie im Anhang auf Seite 119.
Im Anhang bieten wir Ihnen auch weitere **Kopiervorlagen** (S. 119–129) an, die Sie zu einigen der Programmschritte verwenden können. Diese Vorlagen sind nicht unbedingt nötig. Sie können auch Ihre eigenen Vorlagen entwerfen oder einfach ein leeres Blatt nehmen, um schriftliche Aufzeichnungen zu machen, die das 10-Schritte-Programm mit sich bringt.
Die Kopiervorlagen könnten ihnen jedoch bei Ihren **ersten Versuchen** mit einer neuen Methode der Entwicklungs- und Leistungsbewertung helfen. Kopieren Sie sie und halten Sie von jedem Vordruck eine ausreichende Anzahl an geeigneten Stellen im Klassenzimmer/Gruppenraum bereit. Um die Kopiervorlagen voneinander zu unterscheiden, bietet es sich an, sie auf unterschiedlich farbiges Papier zu kopieren.

3. Halten Sie Ihre **eigenen kurzen Kommentare** fest. Beantworten Sie dabei die folgenden Fragen:
▷ Woher kam die Anregung für diese Aufgabe (vom Lehrer/Erzieher, vom Kind)?
▷ Stellt diese Leistung einen Meilenstein in der Entwicklung dieses Kindes dar?
▷ Bedeutet diese Arbeitsprobe einen Fortschritt in Richtung auf ein bestimmtes Ziel oder Ergebnis? (Benennen Sie das spezielle Ziel.)
▷ Zeigt diese Arbeitsprobe, dass das Kind eine Fähigkeit oder Fertigkeit in einer neuen Situation anwendet oder ausweitet?

Diese **schriftlichen Kommentare** zu der Arbeitsprobe machen die Arbeit selbst wertvoller und stärken Ihre Fähigkeiten im Hinblick auf schriftliche Aufzeichnungen. Sie können Ihre Kommentare festhalten **während** Sie und das Kind die Arbeit auswählen oder diese Aufgabe auf einen **späteren Zeitpunkt** verschieben. Oben in dieser Spalte sehen Sie auch die Abbildung einer Vorlage für Lehrerkommentare zu den Arbeitsproben; eine kopierfähige Seite für Lehrer und Erzieher finden Sie im Anhang auf den Seiten 120/121. Sie können auch sie kopieren, Ihre eigene Vorlage entwerfen oder ohne einen Vordruck arbeiten.

4. **Befestigen** Sie Ihre Kommentare und die des Kindes **an der Arbeitsprobe**. Bei Zeichnungen und Bildern falten Sie ein kleines Stück Papier über den oberen Bildrand und die Kommentarbögen und klemmen sie zusammen mit einer Büroklammer fest. Dadurch wird die Arbeitsprobe geschützt. Legen Sie das Bild mit den Kommentaren in das Portfolio.

5. Überlegen Sie, wie das Kind diese Lernerfahrung **verstärken** oder **ausweiten** kann. Hier sind ein paar Möglichkeiten:
   - die Arbeit mit Hilfe eines anderen Mediums noch einmal anfertigen
   - dasselbe Medium zu einem anderen Zweck verwenden
   - die Arbeit zur Veröffentlichung im Mitteilungsblatt der Klasse/Schule vorbereiten oder bearbeiten
   - die Arbeitsergebnisse vor einer kleinen Gruppe oder der Klasse präsentieren. Sprechen Sie diese Möglichkeiten mit dem Kind durch und halten Sie die Entscheidungen in Ihrem Pädagogischen Tagebuch fest (siehe Checkliste „Ein Pädagogisches Tagebuch führen" S. 31).

6. Überlegen Sie, wie Sie die Arbeitsprobe zur verstärkten **Einbindung der Familien** einsetzen können. Hier sind einige Möglichkeiten:
   - Zeigen Sie den Eltern die Arbeit beim nächsten offiziellen Gespräch.
   - Stellen Sie die Arbeit im Rahmen einer Ausstellung im Klassenzimmer/Gruppenraum oder im Flur aus.
   - Veröffentlichen Sie die Arbeit (mit Einwilligung des Kindes) im Mitteilungsblatt der Klasse/Gruppe, zusammen mit den Kommentaren des Kindes zu seiner Arbeit.
   - Regen Sie die Eltern an, dieselbe Aktivität zu Hause durchzuführen.
   - Laden Sie die Eltern ein, wenn die Aktivität in der Schule/im Kindergarten fortgeführt wird.

7. Falls Sie einen Plan dazu machen, halten Sie ihn für Ihr weiteres Vorgehen in Ihrem Pädagogischen Tagebuch fest.

Weitergehende Schritte

Selbsteinschätzung der Kinder

Wenn die Kinder mit dem Prozedere vertraut sind, eine bestimmte Art von Arbeitsprobe im Lern-Portfolio zu kommentieren, können Sie beginnen, ihnen diese Aufgabe zu **übertragen**.
Im nächsten Schritt fügen Sie eine weitere Art von Arbeitsprobe zu den Lern-Portfolios hinzu. So können Sie beispielsweise vom Bildersammeln zum Sammeln von schriftlichen Arbeiten und dann zu Fotos übergehen, die die Kinder gemacht haben. Wir empfehlen Ihnen, so viele **unterschiedliche Kategorien** von Arbeitsproben wie möglich zu sammeln, weil auf diese Weise eine große Bandbreite an **authentischen Aktivitäten** im frühpädagogischen Lernen angeregt und ergiebiges **Beweismaterial** festgehalten wird, das zeigt, wie spannend Ihre Stunden bzw. Lernaktivitäten sind!

Einschätzung durch andere Kinder

Sie können das Sammeln von Arbeitsproben dadurch noch bereichern, indem die Kinder ihre Arbeiten gegenseitig kommentieren. Am besten funktioniert dies in Kleingruppen, wenn die Kinder zum Beispiel zusammen an einem Projekt arbeiten.
So werden **Kindergartenkinder**, die an einer Stadt aus Bauklötzen arbeiten, wahrscheinlich über ihre Baustelle reden. In dieser Art von Spielsituation können Sie die Kinder fragen, ob Sie einige ihrer Kommentare auf großen Papierbögen festhalten dürfen. (Achten Sie aber darauf, dass Ihre Beurteilung der Aktivität der Kinder sich nicht lähmend auf das Spiel auswirkt.)
Ein Beispiel aus der **Grundschule**: Ein Kind hat einen Monolog für eine kleine Vorführung entworfen. Sie schlagen vor: „Frage Jana, ob sie dein Publikum spielen will, wenn du deinen Text übst. Finde heraus, ob sie meint, dass der Text so bleiben kann."

Sie können auch **feste Abläufe** einführen, nach denen kleine Gruppen in bestimmten Situationen ihre Arbeit besprechen und bewerten. Gehen Sie mit der Gruppe anhand einer klaren und einfach anzuwendenden **Checkliste** oder **Bewertungsskala** die Lernziele durch, die Sie für ihre Arbeit aufgestellt haben. Bitten Sie die Gruppe, ihre eigene Arbeit mit Hilfe dieser Kriterien zu bewerten. Auf der Basis ihrer Ergebnisse überlegen Sie mit den Kindern, welche Nachfolgeaktivitäten nötig sind, um mögliche Verbesserungen vorzunehmen. (Wir raten davon ab, solche gegenseitigen Einschätzungen regelmäßig mit der gesamten Gruppe durchzuführen, weil es unwahrscheinlich ist, dass sich daraus eine sinnvolle Reflexion und Kommunikation der Kinder ergibt.)

Arbeitensproben für das Präsentations-Portfolio

Gelegentlich werden Sie einem Kind vorschlagen wollen, dass eine fertige Arbeit in das Präsentations-Portfolio gelegt werden sollte (eine Beschreibung des Präsentations-Portfolios finden Sie auf Seite 39). Die meisten Kinder möchten nach einiger Zeit **selbst** entscheiden, welche fertigen Arbeiten sie in ihr Präsentations-Portfolio aufnehmen. Mit der Rolle des Kindes beim Zusammenstellen des Präsentations-Portfolios beschäftigen wir uns im zehnten Schritt (Portfolios für den Übergang S. 113 ff).

Familien einbinden!

Aushänge am schwarzen Brett, Elternbriefe und Elternabende sind gute Möglichkeiten, weitere Mitglieder der Lernergemeinschaft an den Arbeitsproben teilhaben zu lassen:

▶ *Stellen Sie mit den Kindern Aushänge am schwarzen Brett für einen „Tag der offenen Tür" zusammen oder befestigen Sie die Aushänge in der Nähe des Eingangs, so dass die Eltern ihn beim Bringen oder Abholen ihrer Kinder sehen können. Fügen Sie Kommentare, die die Kinder geschrieben oder diktiert haben, als Bildunterschriften hinzu. Tauschen Sie die Ausstellungsstücke häufig gegen neue aus.*

▶ *Drucken Sie mit der Erlaubnis der Kinder einige Bilder im Mitteilungsblatt der Schule ab und fügen Sie eine kurze Erläuterung über die künstlerische Entwicklung der Kinder hinzu.*

▶ *Stellen Sie für den nächsten Elternabend eine fünfminütige Präsentation (Dia, Beamer) mit einem Titel wie „Neuere Arbeiten unserer Klasse" zusammen. Geben Sie während der Präsentation einige Hintergrundinformationen zu den Lernergebnissen, die die Arbeitsproben widerspiegeln. Alternativ können Sie die Arbeitsproben mit Klebeband an der Wand befestigen und während der Erläuterungen darauf zeigen.*

▶ *Regen Sie die Eltern an, an den Elternabenden Fahrgemeinschaften zu bilden, damit auch diejenigen teilnehmen können, die keine Beförderungsmittel haben.*

▶ *Für einige Eltern kann die Kinderbetreuung ein Problem darstellen. Bei Schulaktivitäten und Elternabenden sollte Eltern, die vorab Bedarf anmelden, die Möglichkeit der Kinderbetreuung angeboten werden.*

▶ *Lassen Sie die Familien über ihre eigene Arbeit nachdenken. Planen Sie „Familienaufgaben" (an Stelle von Hausaufgaben!).*
Helfen Sie den Familien am Ende einer solchen Aktivität mit einigen Fragen, die Erfahrung zu reflektieren, z.B.:
  • *War diese Aktivität interessant? Hat sie Spaß gemacht?*
  • *Nennen Sie zwei Dinge, die jeder von Ihnen bei dieser Aktivität gelernt hat.*
  • *Können Sie diese Aktivität zu Hause noch einmal wiederholen, vielleicht in anderer Form?*

Dritter Schritt: Fotos machen

Vorbereitung

Bei diesem Schritt geht es darum, die Kinder und ihre Aktivitäten häufig zu fotografieren. Wir empfehlen Ihnen, in eine gute Kamera zu investieren. Dies ist ein ziemlich kostspieliger Schritt in unserem Portfolio-Programm, den manche Einrichtungen vielleicht auf einen späteren Zeitpunkt verschieben müssen, doch wir empfehlen ihn als dritten Schritt, weil er Ihnen bei der **Vorbereitung auf schriftliche Aufzeichnungen** hilft. Allerdings ist die Einführung der restlichen Schritte des Portfolio-Programms durchaus auch ohne das Fotografieren möglich.

Wenn Ihre Einrichtung keine Kamera zur Verfügung stellt, erkunden Sie die Möglichkeit, **Fördermittel**, Zuwendungen von ortsansässigen Firmen oder **Hilfe durch Fotogeschäfte** zu bekommen. Einige Eltern sind vielleicht in der Lage, eine Kamera, Filme oder eine Digitalkamera, einen CD-Brenner etc. zu spenden. Falls nötig, planen Sie bei der Vorbereitung zu diesem Schritt Zeit für Veranstaltungen ein, bei denen Sie Geld aufbringen können. Bitten Sie die Eltern um Mithilfe! (Möglicherweise können zwei oder drei Lehrer oder Erzieher sich eine Kamera teilen, doch die logistischen Probleme, die damit verbunden sind, können so gravierend sein, dass sie die Methode zunichte machen. Daher empfehlen wir diesen Weg nur dort, wo Pädagogen als Team in einem Raum zusammenarbeiten.)

Sobald Sie Ihre Kamera haben, bewahren Sie sie **betriebsbereit** und **griffbereit** außerhalb der Reichweite der Kinder auf. (Wenn möglich, richten Sie es so ein, dass Sie eine **zweite, preiswertere Kamera** zur Hand haben, die die **Kinder** benutzen können.) Versuchen Sie, jede Woche ein paar Aufnahmen von wichtigen Ereignissen zu machen. Vermeiden Sie es, dass die Kinder sich vor der Kamera für ein Foto aufstellen. Dies greift in den Ablauf der Ereignisse ein, noch während Sie das Foto machen. Anfangs werden die Kinder es wahrnehmen, dass Sie fotografieren und werden „in die Kamera lächeln" wollen. Sagen Sie ihnen, sie sollen so zu tun, als wären Sie nicht da. Die Kinder werden sich bald an die Kamera gewöhnen und Sie ignorieren.

Es ist sehr wichtig, dass Sie sich **zeitnah** Notizen zu den Szenen machen, die Sie fotografieren. Sie können zu diesem Zweck einen kleinen **Spiralblock** verwenden, den Sie bei der Kamera aufbewahren. Heben Sie Ihre Notizen auf, bis die Fotos entwickelt bzw. ausgedruckt sind, und geben Sie sie dann an die Portfolios der einzelnen Kinder weiter. (Wenn ihre Einrichtung die entsprechenden Möglichkeiten hat, finden manche Lehrer/Erzieher es praktisch, ihre Beobachtungen auf ein kleines Diktiergerät zu sprechen und sie alle ein bis zwei Tage zu transkribieren.)

*Zur Erinnerung: Überlegen Sie sich, **was** Sie bewerten wollen und ob dieser Portfolio-Schritt zu dem passt, was Sie sich vorgenommen haben. Sehen Sie sich die anderen Schritte im Portfolio-Programm an. Wäre eine dieser Methoden für Ihre Zwecke besser geeignet?*

So können Sie beginnen

1. Nehmen Sie sich genug Zeit, um Ihre Aufnahmen zu machen. Um die künstlerische Qualität Ihrer Fotos brauchen Sie sich keine Gedanken zu machen, doch Sie sollten sicherstellen, dass sie die **ganze Geschichte** erzählen. Halten Sie die **Gesichter** der Kinder fest, damit Sie sie später identifizieren können. Nehmen Sie ein wenig vom **Hintergrund** mit aufs Bild, so dass Sie feststellen können, wo die Szene stattfand. Wenn Sie ein Bauwerk der Kinder fotografieren, machen Sie **Nahaufnahmen**, so dass die Hände der Kinder sichtbar sind. Wenn es Ihnen darauf ankommt, einen Augenblick im **sozialen Leben der Klasse** festzuhalten, treten Sie zurück und machen Sie eine ungestellte Aufnahme.

2. Machen Sie sich **kurze Notizen** zu dem Ereignis oder dem Gegenstand, den Sie fotografiert haben. Fügen Sie das **Datum**, die **Namen** der beteiligten Kinder und die **Bedeutung** jeder Szene hinzu.
3. Lassen Sie **jeden** Film entwickeln bzw. **alle** Digitalbilder ausdrucken. Achten Sie darauf, von jedem Bild **zwei Abzüge** zu haben. Auf diese Weise haben Sie genügend Bilder für die Portfolios zweier Kinder und können gelegentlich einen Abzug an die Eltern weitergeben.
4. Wenn die Fotos fertig sind, notieren Sie auf dem Umschlag sofort die **Daten** und die **wichtigsten Einzelheiten** (z. B. „Caroline S., Kindergarten, Woche vom 25. März") und stellen Sie sicher, dass Sie die Negative bzw. eine CD mit den gespeicherten Bilddaten aufbewahren.
5. Sehen Sie sich Ihre **Notizen** zu den Fotomotiven noch einmal an. Überlegen Sie, ob die **Kommentare ausreichend** sind oder ob Sie **zusätzliche Anmerkungen** machen sollten.
   Fragen Sie sich:
   ▷ Was ist passiert, als ich das Foto gemacht habe?
   ▷ Was ist unmittelbar davor passiert? Was danach?
   ▷ Wer war dabei?
   ▷ Habe ich diese Aktivität geplant? Ging sie vom Kind aus? Oder ist sie spontan entstanden?
   ▷ Welche Art von Lernen hat hier stattgefunden – kognitive, sozio-emotionale oder physische Entwicklung?
   ▷ Stellte dies einen Meilenstein für eines der Kinder dar?
   Die Fragen helfen Ihnen, über das nachzudenken, was wichtig ist und festgehalten werden sollte.
6. Befestigen Sie Ihre **Kommentare** auf der **Rückseite** der Fotos. Benutzen Sie gut haftende **Klebezettel**. Sie halten besser auf der beschichteten Oberfläche der Fotos. Wenn Sie die Rückseite der Bilder mit Bleistift oder einem anderen Stift beschriften, kann es passieren, dass die Fotos beschädigt werden.
7. Wenn Sie Fotos an bereits existierenden situationsbezogenen Aufzeichnungen, längeren schriftlichen Aufzeichnungen, Arbeitsproben oder anderen Dokumenten in den Portfolios befestigen wollen, falten Sie ein kleines **Rechteck aus Papier** über die Fotos, bevor Sie sie mit Büroklammern an den Dokumenten festklammern. So werden sie nicht beschädigt.
8. Überlegen Sie, wie Sie die Fotos zur verstärkten **Einbindung der Familien** einsetzen können.

Weitergehende Schritte

Sobald Sie im Umgang mit einer Kamera und dem Ablegen von Fotos in den Portfolios der Kinder vertraut sind, können Sie diese Methode ausweiten, indem Sie die **Kinder** an dem Verfahren **beteiligen**. Wenn Kinder sich Fotos ansehen, beschäftigen sie sich mit ihren eigenen Leistungen – und mit dem Verfahren, Arbeiten für ihre Portfolios auszusuchen. Die meisten Kinder betrachten gern Fotos, auf denen sie zu sehen sind. Sie untersuchen jedes Bild genau und versuchen, sich selbst zu finden. Sie sprechen gern darüber, was passiert ist, als die Fotos gemacht wurden. Diese Motivation können Sie sich als ersten Schritt zur Einbindung der Kinder bei der Zusammenstellung ihrer Portfolios zunutze machen.

Während des Gesprächs mit der ganzen Gruppe könnten Sie den Kindern erzählen, dass neue Fotos fertig sind. Sagen Sie ihnen, dass Sie Hilfe brauchen, um zu rekonstruieren, was auf den Fotos passiert. Legen Sie die Bilder auf einen Tisch, damit die Kinder sie während der **Freiarbeitsphase** betrachten können. (Es ist sinnvoll, ggf. die Negative oder die CD mit dem Bildmaterial getrennt von den Fotos aufzubewahren.) Halten Sie Bleistifte und Klebezettel bereit, auf denen die Kinder ihre eigenen **Erinnerungen** an die Begebenheiten diktieren oder aufschreiben. Es können auch mehrere Kinder eine Anmerkung zu einem Foto machen. Sollten die Anmerkungen wichtiges Beweismaterial zur Entwicklung eines Kindes im schriftlichen Bereich oder in anderen Bereichen darstellen, fotokopieren Sie die Abzüge, befestigen Sie die Anmerkungen des Kindes daran und legen beides in sein Portfolio.

In **kleinen Gruppen** oder bei **Einzelgesprächen** können Sie mit den Kindern über ihre Erinnerungen an die Fotos sprechen, über Ihre eigenen Gedanken zu ihrer Bedeutung und die Möglichkeit, sie in die Portfolios der Kinder einzufügen.

Egal, ob Sie Fotos oder andere Arten von Beweismaterial wie Bilder und Bastelarbeiten, schriftliche Arbeiten oder ein Videoband als **Ausgangspunkt** für die Beteiligung der Kinder an der Zusammenstellung von Portfolios verwenden: geben Sie dem einführenden Gespräch mit den Kindern eine „beiläufige Note". Die Ankündigung „Jetzt reden wir über diese Fotos" wird die Kinder wahrscheinlich verwirren oder einschüchtern. Idealerweise sollten gemeinsame Entscheidungen über Dokumente, die in einem Portfolio aufgenommen werden könnten, sich ganz natürlich ergeben.

Im Laufe der Zeit werden Bemerkungen wie „Das wäre ein gutes Bild für dein Portfolio" die Kinder zu Vorschlägen anregen wie „Legen wir dieses Bild in mein Portfolio, ja?" oder (noch spannender) „David sollte davon ein Foto für sein Portfolio machen. Das ist der beste Burggraben, den er je gegraben hat."

Sobald Sie das Interesse der Kinder an der **Zusammenstellung von Portfolios** mit Hilfe von Fotos (oder anderen Methoden) geweckt haben, können Sie sie gezielter in die **Leistungsbewertung mit Portfolios einbinden**. Sagen Sie ihnen im Gesprächskreis, dass neue **Fotos** fertig sind. Legen Sie die Fotos zusammen mit **Kopiervorlagen für Kommentare** der Kinder aus. Lassen Sie sie **Kommentare** zu Fotos, die sie interessieren, **schreiben** oder **diktieren**. Legen Sie die Fotos mit den dazugehörigen Kommentaren in die entsprechenden Portfolios. (Wenn zwei oder mehr Kinder dasselbe Foto wählen, können Sie Schwarz-Weiß-Kopien davon machen oder farbige Abzüge nachbestellen.)

Im nächsten Schritt könnten die Kinder, die daran Interesse haben, zu **„Klassen- oder Gruppenfotografen"** werden! Das Nachspielen von Geschichten, Gebilde aus Bauklötzen, Tänze und andere Aktivitäten bieten gute Motive für die Fotos der Kinder. Stellen Sie ihnen eine **preiswerte Ersatzkamera** zur Verfügung. Wenden Sie dasselbe Verfahren an wie mit anderen Fotos und beteiligen Sie die Kinder dabei so weit wie möglich. Dadurch haben die Kinder die Möglichkeit, die Rolle eines **„Reporters"** zu übernehmen, zu fotografieren und Notizen zu dem zu machen, was sich ereignet. Sie wenden wichtige Fähigkeiten im Rahmen authentischer Aktivitäten an und werden sich gleichzeitig ihrer eigenen Fortschritte stärker bewusst.
(Wenn Sie Kinder Fotos für Portfolio-Zwecke machen lassen, müssen Sie ihnen anfangs wahrscheinlich erklären, wie die Kamera funktioniert und darauf hinweisen, dass nicht jede Situation auf diese Weise dokumentiert werden muss.)

Sie können das Thema Fotografieren ausweiten, indem Sie **Bilder für Elternbriefe, Artikel, Ausstellungen** oder andere Anlässe verwenden.

Wichtig: Bevor Sie Aufnahmen von Kindern in einer Broschüre über Ihre Einrichtung, einen Vortrag oder eine Veröffentlichung benutzen, ist es wichtig, die **Erlaubnis der Eltern** einzuholen. (Einen Vordruck für die Freigabe von Fotos können Sie im Anhang auf Seite 122 finden.)

Videoaufnahmen stellen eine weitere Ausweitung dieser Methode dar. Kinder haben Spaß daran, Videoaufnahmen ihrer eigenen Darbietungen oder der anderer Kinder zu beurteilen. Sie könnten für jedes Kind eine **eigene Videokassette** anschaffen und sie nach und nach bespielen. Beginnen Sie jeden neuen Abschnitt einer Aufnahme mit der **Angabe des Datums** und einer **kurzen Erläuterung**, zum Beispiel: „17. April: Kevins Beschreibungen zu seinem neuen Bauprojekt."

Familien einbinden!

Ihre Fotos können einen guten Ausgangspunkt für eine intensivere Beteiligung der Familien bilden, wenn Sie sie mit den Eltern gemeinsam betrachten.

- *Stellen Sie für einen Elternabend oder einen „Tag der offenen Tür" eine Fotowand zusammen. Falls Sie über einen Beamer verfügen, können Sie die Bilder auch einscannen und eine kleine Präsentation gestalten. Beteiligen Sie die Kinder an der Moderation der Präsentation!*
- *Viele Familien besitzen eine Kamera, benutzen sie aber höchstens bei offiziellen Anlässen wie Geburtstagen oder im Urlaub. Lassen Sie Familien ihre Kameras mitbringen und damit fotografieren. Regen Sie die Eltern an, ihren Kindern zu zeigen, wie die Kamera funktioniert und mit den Kindern gemeinsam Bildunterschriften im Familienalbum zu verfassen.*
- *Lassen Sie Eltern Schnappschüsse von Familienaktivitäten mitbringen, die dann in die Portfolios der Kinder aufgenommen werden. Überlegen Sie sich, wie die Kinder ihre Erfahrungen mit der Familie in der Schule ausweiten können. Vielleicht könnte eine Ferienreise zur Oma zum Thema eines Reiseberichts oder der Besuch einer Sportveranstaltung zum Anstoß für ein Forschungsprojekt werden.*
- *Mit einer Reihe von Fotos lässt sich z.B. auch ein originelles, selbst gebasteltes Buch über eine Familienfeier herstellen, bei dem z.B. alle Familienmitglieder etwas zum Text beitragen oder der Großvater des Kindes zum Herausgeber des Projekts ernannt wird.*

Videoaufnahmen von Aktivitäten im Unterricht stellen eine andere Vorgehensweise dar, wie Familien neue Einblicke in den Schul- und Kindergartenalltag ihrer Kinder gewinnen können.

- *Nehmen Sie dazu besondere Ereignisse in der Einrichtung oder Schule auf Video auf und erlauben Sie den Kindern, die Videokassette abwechselnd mit nach Hause zu nehmen. Denken Sie daran, für Eltern, die keinen Fernseher oder kein Videoabspielgerät haben, am „Tag der offenen Tür" eine Videoecke einzurichten oder die Bänder bei Besprechungen mit Eltern zu zeigen.*

Vierter Schritt: Lerntagebücher einsetzen

Vorbereitung

Mit dem Sammeln von Arbeitsproben und Fotos haben Sie und die Kinder erste Fähigkeiten erworben, über **Gelerntes zu reflektieren**. Im nächsten Schritt geht es um regelmäßige Treffen mit dem einzelnen Kind, bei denen über die Bandbreite seiner **Aktivitäten** in letzter Zeit gesprochen wird. Sie und das Kind können **Gedanken** und **Pläne** in einem besonderen Notizbuch festhalten, das wir das Lerntagebuch nennen.

Wie wir auf Seite 50 erläutert haben, handelt es sich beim Lerntagebuch um **fortlaufende Aufzeichnungen** vom Kind und vom Lehrer, die **neue Entdeckungen** und **Erkenntnisse** schildern. Es unterscheidet sich von einem normalen Tagebuch, weil es das **Ergebnis** regelmäßiger Einzelgespräche zwischen Kind und Lehrer oder Erzieher ist. Das Lerntagebuch macht es Ihnen möglich, Beweismaterial zu Verständnis und gedanklichen Prozessen des einzelnen Kindes zu konservieren. Dieses Beweismaterial kann Ihnen dann den Weg zu zukünftigen Aktivitäten weisen, die das neu erworbene Wissen festigen, ausweiten und die Kinder sogar in die Lage versetzen, einander etwas beizubringen. Außerdem helfen Lerntagebücher bei der **Strukturierung** und **thematischen Ausrichtung** von Einzelgesprächen mit Kindern, einer wichtigen Methode in der Leistungsbewertung mit Portfolios.

Wir empfehlen Ihnen, Lerntagebücher allmählich in den Unterrichtsalltag einzufügen, so dass die Kinder mit dem Zweck dieser Form der Dokumentation vertraut sind, bevor Sie offizielle Lerntagebuch-Konferenzen mit jedem einzelnen Kind beginnen. Kopieren Sie die Lerntagebuchvordrucke aus dem Anhang (Seite 123/124) oder entwerfen Sie Ihre eigenen Vorlagen. Legen Sie für jedes Kind mehrere Kopien in einen Schnellhefter. Beschriften Sie diese mit den Namen der Kinder und legen Sie sie in ihre Lern-Portfolios. Achten Sie darauf, dass sie für spontane Gespräche greifbar sind. Wenn die Kinder mit dem Prozedere vertraut sind, können Sie allmählich auf die Kopiervorlagen verzichten und die Kinder anhalten, ihre Lerntagebucheinträge in leere Notizbücher unterschiedlicher Art zu machen.

Damit die Kinder das Prinzip des Lerntagebuches verstehen, empfehlen wir Ihnen, einen **exemplarischen Eintrag** in eine vergrößerte Lerntagebuchvorlage selbst zu schreiben und sie für alle gut sichtbar an die Wand zu hängen. Kopieren Sie so bald wie möglich einen frühen Lerntagebucheintrag eines der Kinder (mit der Erlaubnis des Kindes) als zusätzliches Beispiel.

Mein Lerntagebuch

Name: _____

Lehrer: _____

Datum: _____ Klasse: _____

📖 Das habe ich gelernt: _____

💡 Darüber möchte ich mehr wissen: _____

💭 Das möchte ich noch tun: _____

Anmerkungen des Lehrers: _____

Lassen Sie die Kinder erzählen, was sie zu Hause und in der Schule oder in der Betreuungseinrichtung erleben. Anhand der Themen, die sich aus diesen Berichten ergeben, zeigen Sie den Kindern bei Einzel- oder Gruppengesprächen, wie man ins Lerntagebuch schreibt. Diskussionen sowohl über bekannte als auch über neue Lerninhalte ermutigen die Kinder, ständig zu forschen, zu fragen und etwas auszuprobieren. Während die Kinder überlegen, was sie schon zu einem Thema wissen und sich weitergehende Fragen stellen, **dokumentiert das Lerntagebuch**, wie sich ihr **Verständnis entfaltet**. Sie können das Lerntagebuchgespräch auch nutzen, um mit einem Kind eine Zeichnung, einen schriftlichen Entwurf, einen Lösungsweg zu einer analytischen Aufgabe oder Testergebnisse zu besprechen.

Wenn Sie im Primarbereich arbeiten, ist das Lerntagebuchgespräch die richtige Gelegenheit, die Noten oder die schriftlichen Beurteilungen mit den Kindern zu erörtern und sie zu loben oder zu ermutigen.

Ideen für das Lerntagebuch können sich zu jeder Zeit ergeben. Halten Sie ein kleines **Notizbuch** griffbereit, in dem Sie während der Arbeit mit kleinen Gruppen oder dem Klassenplenum Anmerkungen und Gedanken zu **Themen für Lerntagebuchgespräche** spontan festhalten. Schlagen Sie einzelnen Kindern Ihre Ideen so bald wie möglich vor und ermuntern Sie sie, ihre Gedanken auf einen Vordruck für das Lerntagebuch zu schreiben oder zu diktieren.

Wenn die Klasse einmal mit dem Prinzip des Lerntagebuches vertraut ist, überlegen Sie sich, in welcher zeitlichen Abfolge Sie **offizielle Lerntagebuchgespräche** mit den einzelnen Kindern durchführen wollen. Bei den meisten Kindergarten- und Grundschulkindern sind **wöchentliche Gespräche** wahrscheinlich angebracht. Wenn Sie sich vier oder fünf kurze Lerntagbuchgespräche pro Tag vornehmen, müsste es möglich sein, im Laufe einer Woche alle Kinder zu sprechen.

In einer Einrichtung, die sich vor allem auf Aktivitäten mit der ganzen Gruppe konzentriert, bedarf eine solche Veränderung sorgfältiger Planung und behutsamer Umsetzung. Während der Phase, in der die Kinder in kleinen Gruppen selbstständig arbeiten, lassen sich Lerntagebuchgespräche vielleicht am besten durchführen. Ein Praktikant oder vielleicht sogar ein Elternteil kann wertvolle Unterstützung leisten, wenn Sie beginnen, mehr Zeit mit Einzelgesprächen zuzubringen.

Einführung von Lerntagebüchern in der Gruppe

1. Bereiten Sie Lerntagebücher (Vorlagen siehe S. 123 oder 124) für **alle Kinder** vor und halten Sie sie bei Diskussionen im Gesprächskreis griffbereit.

2. Führen Sie eine **tägliche „Lerntagebuchzeit"** ein und lassen Sie die Kinder über ihre Erlebnisse in der Schule und zu Hause erzählen. Stellen Sie Fragen wie: „Habt ihr gestern etwas besonders Interessantes oder Lustiges gemacht?" Spüren Sie das auf, **was** die **Kinder** bei allen möglichen Begebenheiten **lernen**, sei es bei der Lektüre eines neuen Buches, bei einem Spaziergang im Wald oder beim Besuch eines neu geborenen Kindes der Familie. Notieren Sie auf großen Papierbögen **kurze Zusammenfassungen** der **Erfahrungen** der Kinder sowie **Überlegungen** für weitere **Lernanstöße**: „Benjamin hat herausgefunden, dass der neue Spielplatz in der Innenstadt eine schönen Fläche zum Inlinerfahren hat. Lasst uns einen Brief an die Stadt schreiben, um nach einer Wegekarte für den neuen Spielplatz zu fragen."
„Natascha hat erfahren, dass Neugeborene sehr viel schlafen. Lasst uns in der Bücherei nach Büchern suchen, in denen wir mehr über kleine Babys nachlesen können."
Setzen Sie die einzelnen Gespräche mit der ganzen Gruppe so lange fort, bis die Kinder keine Lernerfahrungen mehr zu berichten haben.

3. Beenden Sie die einzelnen Gruppengespräche mit einer kurzen **Zusammenfassung der Lernerfahrungen** und mit einem kurzen **Überblick** über **nachfolgende Aktivitäten**: „Das haben wir gelernt" und „Dazu sollten wir mehr herausfinden". Machen Sie auf großen Papierbögen vor, wie Sie Ihren Eintrag ins Lerntagebuch schreiben. Erklären Sie, warum Sie etwas gerade so aufschreiben. Lassen Sie die Kinder auch vorschlagen, was Sie schreiben sollten. Machen Sie Ihre Lerntagebucheinträge ein oder zwei Wochen lang vor. Lassen Sie die Kinder dabei immer wieder mitmachen.

4. Sobald die Kinder mit den gemeinsamen Lerntagebuchzeiten in der Gruppe vertraut sind, regen Sie sie an, **selbst** ein **persönliches Lerntagebuch**

zu führen und die Einträge entweder selbst zu schreiben oder zu diktieren. Beginnen Sie mit den Kindern, die besonders gut entwickelte Schreibfertigkeiten aufweisen oder die sich bei der Lerntagebuchzeit in der Gruppe mündlich stark beteiligen. Zeigen Sie dazu während des Gruppengespräches, wie sie ihre Einträge in ihre persönlichen Lerntagebücher schreiben oder diktieren.

5. Teilen Sie die Kinder schließlich in **Lerntagebuchgruppen** auf, die sich **wöchentlich** zusammensetzen. Mischen Sie dabei geübte Schreiber und „Tagebuch-Anfänger". Arbeiten Sie mit mehreren Kindern gleichzeitig, so dass sie sich gegenseitig bei ihren Fortschritten beobachten können.

6. Integrieren Sie die Arbeit der Lerntagebuchgruppen in Ihren **Zeitplan** für die Freiarbeit, so dass jedes Kind in einer kleinen Gruppe an einem wöchentlichen Lerntagebuchgespräch am „Konferenztisch" teilnimmt. Der Zeitplan könnte folgendermaßen aussehen:

Zur Erinnerung: Überlegen Sie sich, **was** Sie bewerten wollen und ob dieser Portfolio-Schritt zu dem passt, was Sie sich vorgenommen haben. Sehen Sie sich die anderen Schritte im Portfolio-Programm an. Wäre eine dieser Methoden für Ihre Zwecke besser geeignet?

Zeitplan für Lerntagebuchgespräche

Montagsgruppe
Robert
Thomas
Phillip
Leon

Dienstagsgruppe
Simon
Alexander
Selcan
Katharina

Mittwochsgruppe
Bastian
Lena
Fabio
Maria

Donnerstagsgruppe
Gürkan
Lucas
Jessica
Kristina
Saskia

Freitagsgruppe
Anna
Tim
Laura
Jens

Die siebenjährige Jessica erzählt im Sitzkreis, dass sie am Wochenende ihre Großeltern besucht und beim Kuchenbacken und Eismachen geholfen hat. Als sie mit ihrem Bericht fertig ist, sagt ihre Lehrerin: „Jessica, ich freue mich, dass du uns erzählt hast, wie man Eis und Kuchen macht. Wenn du mir nach der Erzählzeit dein Lerntagbuch bringst, helfe ich dir, das aufzuschreiben."
Jessica und ihre Lehrerin schreiben daraufhin gemeinsam über die Herstellung von Eis und Kuchen. Die Lehrerin zeigt auf ein Foto mit diversen Küchengräten und schlägt vor, dass sie bald Muffins in der Schule backen sollten. Sie macht sich eine Notiz in ihrem Pädagogischen Tagebuch, dass sie Jessicas Großeltern einladen will, bei diesem Projekt zu helfen.

Die Lehrerin notiert sich, dass Jessica Arbeitsanleitungen für die Herstellung von Eis und Kuchen diktiert hat. Sie notiert sich außerdem, welche Lernziele Jessica mit ihren Erfahrungen und dem Lerntagebuchgespräch erreicht hat:

Mündliches Sprachhandeln:
erzählendes und sachbezogenes Sprechen
Schriftliches Sprachhandeln:
sachbezogenes Schreiben
Umgang mit Texten und Medien:
Erste Erfahrungen mit unterschiedlichen Textabsichten

Auf einem Lerntagebuchvordruck sähe die diktierte Eintragung aus dem Beispiel folgendermaßen aus:

Mein Lerntagebuch

Name: Jessica L.

Lehrer: Frau Lindemann

Datum: 12. April   Klasse: 1

📖 Das habe ich gelernt: Wie man Eis und Kuchen macht. Man mischt Milch und Eier und Zucker und rührt alles lange durcheinander. Die Eiscreme wird gefroren. Der Kuchen wird im Ofen gebacken. In den Kuchen kommt auch Mehl.

💡 Darüber möchte ich mehr wissen: Wie man einen Kuchen mit Dekorationen drauf macht.

💭 Das möchte ich noch tun: Muffins machen mit Glasur in verschiedenen Farben.

Anmerkungen des Lehrers: Diktierte Anleitung. Großmutter fragen, ob sie bei den Muffins mithilft? (Lernziele: Mündl. Sprachh.: erzähl. und sachbez. Sprechen. Schriftl. Sprachhand.: sachbez. Schreiben. Umgang mit Texten u. Medien: Erste Erfahrungen mit unterschiedl. Textabsichten.

So können Sie beginnen

1. Fragen Sie ein Kind während des **Lerntagebuchgesprächs**, was es in der vergangenen Woche zu Hause oder in der Schule gelernt hat. Was war interessant, lustig, schwierig? Wenn das Kind zuvor von einem interessanten Lernerlebnis berichtet hat, knüpfen Sie daran an.
2. Halten Sie seine **Kommentare** fest oder helfen Sie ihm, **selbst** einen Eintrag zu schreiben.
3. Fragen Sie das Kind, **was** es unternehmen möchte, um mehr über das **aktuelle Thema** zu lernen.

(An diesem Punkt brauchen viele Kinder anfangs Stichworte als Anstöße. Wenn Sie Ideen für neue Lernaktivitäten vorschlagen, denken Sie daran, die **Ziele** zu notieren, denen das Kind zustimmt.)

4. Helfen Sie dem Kind, **Wege** zu durchdenken, auf denen es diese Ziele erreichen könnte. Halten Sie diese Überlegungen fest, so dass dieser Teil des Lerntagebuchvordrucks einen **Aktionsplan** für das Kind darstellt.
5. In dem Abschnitt, der für Anmerkungen des Lehrers/Erziehers vorgesehen ist, halten Sie alle **Ergebnisse**, **Ziele** oder **Kriterien** fest, die das Kind mit seinen Aktivitäten betrifft.
6. Notieren Sie alles, worauf Sie später wieder zurückgreifen wollen: z.B. Wege, die Familien, Geschwister, Kinder in anderen Klassen und deren Möglichkeiten einzubeziehen.

Weitergehende Schritte

Lesen Sie sich die Lerntagebücher **regelmäßig** durch und versuchen Sie herauszufinden, wie Sie die **Interessen** und **Erfahrungen** der Kinder in Kleingruppenaktivitäten oder in Aktivitäten der ganzen Gruppe integrieren können.
So mag es vorkommen, dass zwei oder drei Kinder von einer Autoschau berichten, die sie am Wochenende mit einem Familienmitglied besucht haben. Sie können sie zu einer Kleingruppe zusammenfassen und mit ihnen ein kurzfristiges Projekt zum Thema „Neue Autos" durchführen.
Oder: Sie hatten vor, ein Buch von Astrid Lindgren vorzulesen. Dann erfahren Sie, dass Lina zu Hause ein anderes Lindgren-Buch gelesen hat. Sie könnten sie bitten, der Klasse vor oder nach der Vorlesezeit von diesem Buch zu erzählen.

Fünfter Schritt: Kinder interviewen

Vorbereitung

Das Interview ist eine **Ausweitung des Lerntagebuchgesprächs**. Es stellt eine Methode dar, genauer auszuloten, **was** ein Kind auf einem bestimmten Gebiet kann oder weiß. Sie finden mehr darüber heraus, **wie** das einzelne Kind lernt und worüber es am besten Bescheid weiß. Folglich erfahren Sie, wie Sie es in der Zukunft besser fördern und fordern können.

Wenn sich ein regelmäßiger Ablauf für die Lerntagebuchgespräche eingespielt hat und die Kinder sich an kurze Einzelgespräche über ihre Lernaktivitäten gewöhnt haben, können Sie anfangen, gelegentlich längere Interviews durchzuführen. Anstatt einfach auf Stichwörter von Seiten des Kindes zu reagieren, können Sie sich vornehmen, ein bestimmtes Thema anzuschneiden.

Als Vorbereitung für diesen Schritt überlegen Sie sich, **welche Fähigkeiten und Fertigkeiten** Sie mit Hilfe der Interviews bewerten wollen. Vielleicht handelt es sich dabei um Fähigkeiten, die sich nicht in traditionellen Tests abfragen lassen. Möglicherweise können die Kinder bei einem Gespräch ein tieferes Verständnis für bestimmte Zusammenhänge zeigen als im Rahmen einer schriftlichen Arbeit.
Vielleicht haben Sie erkannt, dass das Sammeln von Arbeitsproben und Fotos keine wirkungsvolle Methode darstellt um abzuschätzen, inwieweit die Kinder ein bestimmtes Sachgebiet beherrschen.
Wählen Sie einen **einzelnen Bereich** aus, den Sie bewerten wollen und planen Sie, die Kinder über mehrere Wochen zu interviewen. Dabei sollten Sie reichlich Zeit einräumen, um diese Bewertungsmethode auszuprobieren und zu verfeinern.

Interviews sind eine Methode, die Sie erst einmal üben sollten. Die Fragen, die Sie heute stellen, mögen sehr einfach sein im Vergleich zu denen, die Sie in drei Jahren stellen werden. Im Laufe der Zeit werden Ihre Fragen immer konkreter und lernzielorientierter.

Familien einbinden!

▶ *Wenn Kinder bei Lerntagebuchgesprächen oder anderen Gelegenheiten von Erfahrungen zu Hause, an Wochenenden oder im Urlaub berichten, lassen Sie die Eltern wissen, dass Sie sich für die **Lernaktivitäten in der Familie** interessieren. Nehmen Sie sich einen Moment Zeit, eine kurze **Notiz** an die Eltern zu formulieren. (Schreiben Sie in Druckbuchstaben, so dass Kinder, die gerade beginnen zu lesen, die Notiz ihren Eltern vorlesen können.) Bitten Sie das Kind, sie mit nach Hause zu nehmen.*

*Aus dem Lerntagebuch kann ein **Lerntagebuch für die Familie** werden.*

▶ *Lassen Sie die Kinder ihre Tagebücher mit nach Hause nehmen und in der Familie zu zeigen.*

▶ *Betonen Sie, dass Sie Einträge der Eltern begrüßen, etwa Schilderungen besonderer Familienprojekte oder der Aktivitäten der Kinder Hause.
Nadine Harding führte „Familientagebücher" als eine Form der schriftlichen Drei-Wege-Kommunikation ein und bat Eltern festzuhalten, was ihnen am Leseverhalten ihrer Kinder zu Hause auffiel. Einige Eltern ergriffen die Möglichkeit beim Schopf und schlossen eine Brieffreundschaft mit der Lehrerin ihrer Kinder. Allerdings reagierten nicht alle Eltern so, und Nadine Harding merkte später in einen Zeitschriftenartikel an: „... was ich gelernt habe, ist die Tatsache, dass ich weiter nach Wegen suchen muss, wirklich jede einzelne Familie zu erreichen."* [7]

Bis dahin gilt: **Lassen Sie sich Zeit**. Selbst wenn Ihre frühen Interviewversuche nicht alle Bewertungsinformationen zutagefördern, die Sie sich erhofft hatten, widmen Sie Ihrem kindlichen Interviewpartner doch Ihre ungeteilte Aufmerksamkeit und verschaffen ihm damit eine seltene und wichtige Erfahrung.

Nach einigen Experimenten mit Interviews sind Sie vielleicht so weit, dass Sie diese Bewertungsmethode systematischer in eine besondere Unterrichtseinheit integrieren möchten. Überlegen Sie, wie Sie diese Methode am besten in Ihren „Lehrplan" einfügen können.

Tipps für erfolgreiche Interviews

Glücklicherweise erzählen die meisten Kinder gern über sich selbst und ihre Arbeit, selbst wenn sie das Gefühl haben, dass sie nicht besonders gut abschneiden. Die folgenden Tipps können Ihnen helfen, sich die natürliche Neigung der Kinder zunutze zu machen, über das zu reden, was sie lernen:

- Planen Sie ein Interview, mit dem Sie feststellen wollen, inwieweit ein Kind eine besondere Fähigkeit, eine Fertigkeit oder Thema beherrscht, etwa das Nacherzählen einer bekannten Geschichte mit einem neuen Schluss. Machen Sie sich eine **Liste von Fragen**, die Ihnen als Leitlinien durch das Interview dienen. Beispiele:
  1. Hat das Kind sich das Bilderbuch angesehen, bevor es seine neue Version der Geschichte diktiert hat?
  2. Hat es vor oder nach dem Diktat der Geschichte Bilder gemalt?
  3. Hat es weitere Ideen für seine Geschichte?
- „**Eisbrecher**" sind wichtig bei Interviews. Eröffnen Sie das Interview mit etwas, wofür sich das Kind bestimmt **interessiert**, und lassen Sie es erzählen. Machen Sie sich Notizen zu diesen Bemerkungen, selbst wenn sie nicht Ihrem eigentlichen Interesse entsprechen. Auf diese Weise gewöhnt sich das Kind an das Prozedere eines Interviews. Sie könnten vielleicht erwähnen, dass Sie das Kind auf dem Fußballplatz gesehen haben und nachfragen, ob es gern auf dem Fußballplatz spielt.
- **Formulieren** Sie eine **Frage um**, wenn das Kind sie nicht versteht. So überprüfen Sie, ob das Kind die Frage wirklich nicht beantworten kann. „Woher hattest du die Idee für deinen neuen Schluss der Geschichte?" könnte leichter zu verstehen sein als „War ein Buch in der Leseecke der Grund für diesen neuen Schluss?"
- Machen Sie dem Kind deutlich, dass Sie sich sehr für das **interessieren**, was es zu sagen hat. Setzen Sie sich so, dass Sie auf Augenhöhe mit ihm sind und **sehen** Sie es **an**. Nicken Sie mit dem Kopf. Machen Sie **Bemerkungen** wie „Das ist interessant" oder „Das finde ich beeindruckend, dass du das weißt."
- Verwenden Sie sowohl **offene** als auch **geschlossene Fragen**. Wenn ein Kind bei einer offenen Frage zögert, versuchen Sie es mit einer geschlossenen. Vermitteln Sie dem Kind nicht ein Gefühl von Unzulänglichkeit. Wenn Sie das Kind etwa bei der Frage „Wie hast du angefangen, dir die Geschichte auszudenken?" verwundert ansieht, sollten Sie fragen: „Sind dir die fliegenden Drachen eingefallen, bevor du dir den Jungen ausgedacht hast?"
- Wenn das Kind **abschweift**, führen Sie es vorsichtig **zurück zum Thema**, sobald Sie sicher sind, dass es nicht auf eine wichtige Aussage zusteuert. **Unterbrechen** Sie es **nicht** und **kritisieren** Sie es **nicht** für seinen Themenwechsel. Beispiel: „Es interessiert mich sehr, wie du auf die Geschichte mit den fliegenden Drachen gekommen bist. Kannst du mir mehr darüber erzählen?"
- Machen Sie **präzise**, gut **leserliche Notizen** zu Ihren Fragen und den Antworten des Kindes.
- **Schnelles Mitschreiben** ist wichtig. Ein gutes Interview kann daran scheitern, dass Sie wiederholt sagen müssen: „Warte bitte, bis ich das notiert habe." Wenn Sie mit einem Stift zu langsam sind, verwenden Sie einen Kassettenrekorder oder ein Diktiergerät. Im Laufe der Zeit verbessern sich

Ihre Fähigkeiten, Notizen zu machen, und Sie werden seltener auf Bandaufnahmen zurückgreifen.
- Es ist wichtig, das Kind **nicht falsch** zu **zitieren**. Sollte eine Aussage nicht klar sein, bitten Sie das Kind immer, sie zu erläutern. Sagen Sie ihm: „Ich möchte sichergehen, dass ich dich richtig verstanden habe. Könntest du das noch einmal erzählen?" Wenn die Aussage auch dann noch nicht klar ist, fragen Sie: „Meinst du damit, dass ...?"
- Achten Sie auf **Unerwartetes**! Möglicherweise überrascht Sie das Kind mit Aussagen, die die wertvollsten Informationen des ganzen Interviews enthalten.

Tipps für das Mitschreiben

Das Interview ist die erste Methode im 10-Schritte-Programm zur Arbeit mit Portfolios, die **umfassende Notizen** erforderlich macht. Vielleicht haben Sie schon Ihre eigene Kurzschrift für Notizen entwickelt. Wenn nicht, sollten Sie jetzt damit anfangen. Ein unerfahrener Protokollant macht wortreiche Notizen. Mit etwas Übung erkennen Sie, **was wichtig ist** und festgehalten werden sollte, und dann werden Ihre Notizen weniger umfangreich.

- Schreiben Sie zu Beginn das **Datum** auf Ihre Notizen.
- Notieren Sie, **wo** das Interview stattfindet.
- Konzentrieren Sie sich darauf, die **wichtigen Bemerkungen** des Kindes festzuhalten.
- Achten Sie darauf, dass Sie **Anführungszeichen** benutzen, wenn Sie das Kind wörtlich zitieren.
- Markieren Sie **wesentliche Punkte** beim Schreiben mit einem Sternchen, um zu signalisieren, dass diese Punkte dem Kind wichtig waren.
- Halten Sie Ihren **Eindruck** vom Interview fest, etwa: „Elena war zappelig" oder „David schien es zu genießen, eine Möglichkeit zum Erzählen zu haben." **Unterscheiden** Sie solche **Eindrücke** von **Fakten**, indem Sie sie mit Klammern versehen. Ein Beispiel für ein Faktum: „David behielt seine Fausthandschuhe an."
- Schreiben Sie in **einfachen Sätzen** und **Formulierungen**. Dabei ist eine klare Schrift besser als eine sehr schwungvolle.

Wenn Sie nicht zur Sicherheit eine Audioaufnahme des Interviews machen, sollten Sie Ihre **Notizen so bald wie möglich** zu einer vollständigen, systematischen Wiedergabe des Interviews ausarbeiten, bevor Sie Einzelheiten vergessen und Ihre Notizen keinen Sinn mehr für Sie ergeben. Halten Sie Ihre Eindrücke und Ansichten **getrennt** vom Protokoll fest und überschreiben Sie diesen Teil mit „Kommentare".

Audioaufnahmen machen

Auch wenn Sie nicht jedes Interview auf einer Audiokassette festhalten möchten, sind solche Aufnahmen doch eine wichtige Alternative. Schriftliche Notizen, Transkripte oder Audiobänder von Interviews können in die Portfolios der Kinder integriert werden. Sie können auch Gruppeninterviews transkribieren. Legen Sie dazu jedem Kind, das am Interview teilgenommen hat, ein Exemplar des Transkriptes in sein Portfolio.

Bevor Sie ein Interview auf Band aufnehmen, nehmen Sie sich ein paar Minuten Zeit, um den **Kassettenrekorder** oder das **Diktiergerät auszuprobieren**, damit Sie ihn problemlos bedienen können. Wenn Sie soweit sind, dass Sie Interviews aufnehmen wollen, nehmen Sie für jedes Kind eine Kassette und versehen Sie sie mit dem vollen **Namen** des Kindes. Bewahren Sie das Aufnahmegerät und die Kassetten so auf, dass sie für Sie griffbereit sind, aber außerhalb der Reichweite der Kinder (falls sie noch zu klein sind, um damit vernünftig umzugehen).

Notieren Sie gleich nach der Aufnahme das **Datum** und ein oder zwei **Stichworte zum Inhalt** auf der Pappeinlage in der Kassettenhülle. Legen Sie die Kassetten in ihre Hüllen zurück, **ohne** sie **zurückzuspulen**. Auf diese Weise können Sie spätere Aufnahmen direkt an die früheren anschließen. Vielleicht erscheint es Ihnen auch angebracht, einen ergänzenden Kommentar zu der Bandaufnahme zu schreiben und in das private Portfolio des Kindes zu legen.

Wenn Sie Interviewaufnahmen transkribieren, ist es nicht nötig, jedes „ähm" und „ähh" zu berücksichtigen, das Ihr Gesprächspartner einfließen lässt. Übergehen Sie diese „Pausenfüller", um ein **klares, lesbares Transkript** zu bekommen. Andererseits ist es wahrscheinlich angebracht, **Grammatik- oder Wortfehler** des Kindes wiederzugeben, weil sich daraus ein präzises Bild von seinen sprachlichen Fähigkeiten zur Zeit des Interviews ergibt.

> *Zur Erinnerung:* Überlegen Sie sich, **was** Sie bewerten wollen und ob dieser Portfolio-Schritt zu dem passt, was Sie sich vorgenommen haben. Sehen Sie sich die anderen Schritte im Portfolio-Programm an. Wäre eine dieser Methoden für Ihre Zwecke besser geeignet?

◻ **Frau Alexander** möchte Ninas Fähigkeit bewerten, eine einfache Forschungsfrage aufzustellen und Antworten dazu zu finden. Sie hat Nina mehrere Tage lang im Sachunterricht beobachtet, hat jedoch keine klaren Beweise dafür, dass Nina wissenschaftliche Fragen stellen und nach Antworten suchen kann. Sie beschließt, ein Interview durchzuführen.

Für die Phase, in der die Kinder selbstständig an den verschiedenen Stationen zum Thema Magnete arbeiten, verabredet sich Frau Alexander mit Nina in der Leseecke. Sie sagt: „Ich weiß nicht, ob du schon mal versucht hast, in der Klassenbibliothek etwas nachzuschlagen. Hast du eine Idee, wie wir den Namen dieses Magneten herausfinden können?"

Nina antwortet, dass sie in dem Buch über Magnete nachsehen könnten, um Bilder zu finden, die so aussehen wie dieser Magnet. Als sie mehrere Bilder finden, die ihrem Magnet ähnlich zu sein scheinen, fragt Frau Alexander sie, welchen Schritt sie als nächsten vorschlägt. Nina weist darauf hin, dass neben einigen abgebildeten Magneten etwas steht und man hier nach dem richtigen Namen suchen könnte.

Frau Alexander beglückwünscht Nina zu ihrer Vorgehensweise und hält dann in einer systematischen Aufzeichnung ihre Leistung fest. Als Frau Alexander später ihre Notizen überarbeitet, sucht sie die entsprechenden Lernziele in den Bereichen heraus, die zu Ninas Arbeit passen, die sie der Aufzeichnung beifügt.

Beispiel für Aufzeichnungen auf einer Kassettenhülle mit Angaben zu mehreren Aufnahmen, darunter eine spontane Aufnahme und ein Interview.

So können Sie beginnen

1. Nehmen Sie sich vor, ein Kind oder mehrere Kinder zu einem **bestimmten Thema** zu interviewen.
2. Wählen Sie nach Möglichkeit eine **Zeit** und einen **Ort** für das Interview, an dem Sie und das Kind **ungestört** sind. Planen Sie mehr Zeit ein, als Sie glauben zu brauchen. Hier sollten Ihre Erfahrungen mit Lerntagebuchgesprächen Sie leiten. Kinder unterscheiden sich in ihrer Fähigkeit, an Interviews teilzunehmen. (Für einige Kinder sind Interviews möglicherweise keine geeignete Methode. Ein wichtiger Vorzug der Entwicklungs- und Leistungsbewertung mit Portfolios ist die Tatsache, dass sie eine Reihe von Bewertungsmethoden anbietet, die den Bedürfnissen der Kinder entgegenkommen. Daher ist es nicht nötig, jedes Kind zu interviewen.)
3. **Kündigen** Sie **dem Kind an**, dass Sie sich mit ihm über **dieses Thema** unterhalten wollen. Sagen Sie etwa: „Ich wüsste gern, was du darüber denkst." Sagen Sie ihm, dass es jede Art von Material mitbringen soll, das mit dem Thema zu tun hat.
4. Sehen Sie im **Lern-Portfolio** noch einmal nach, ob sich darin Informationen und hilfreiche „Eisbrecher" für das Interview befinden.
5. **Erinnern** Sie das Kind **kurz vor** der ausgemachten Zeit, dass es sein Lern-Portfolio und andere Materialien zu dem Gespräch mitbringen soll.
6. **Erklären** Sie, dass Sie seine **Bemerkungen** schriftlich oder mit Hilfe des Kassettenrekorders/Diktiergerätes **festhalten** wollen. Zeigen Sie, wie Sie das Datum, seinen und Ihren Namen notieren.
7. Führen Sie das **Interview** durch.
8. Helfen Sie dem Kind am Ende des Interviews, **Anmerkungen** in sein Lerntagebuch zu **notieren** oder machen Sie ihm vor, wie es seine eigenen Gedanken zum vorliegenden Thema festhalten kann.
9. **Überarbeiten** Sie Ihre **Notizen**. Überlegen Sie, ob das Interview Ihnen die Informationen gebracht hat, die Sie brauchen. Überlegen Sie, ob Ihr Gesprächsauftakt zum „Eisbrechen" nützliche Informationen zutage gefördert hat. (So hat Ihnen Jan vielleicht erzählt, dass er auf seinen Inlinern ein neues „Kunststück" gelernt hat. Könnte das ein Thema für ein schriftliches Projekt sein?)
10. **Transkribieren** Sie das Interview, falls Sie einen Kassettenrekorder/ein Diktiergerät benutzt haben. Fassen Sie das Interview in einer **systematischen Aufzeichnung** zusammen. Notieren Sie in dem Teil der systematischen Aufzeichnung, der für Kommentare vorgesehen ist, welche **Ergebnisse** oder **Ziele** Sie feststellen konnten oder auf welchen Gebieten zusätzliche Arbeit notwendig ist. Legen Sie das Transkript und die systematische Aufzeichnung in das Portfolio des Kindes.
11. Legen Sie die Kassette wieder an ihren Platz.

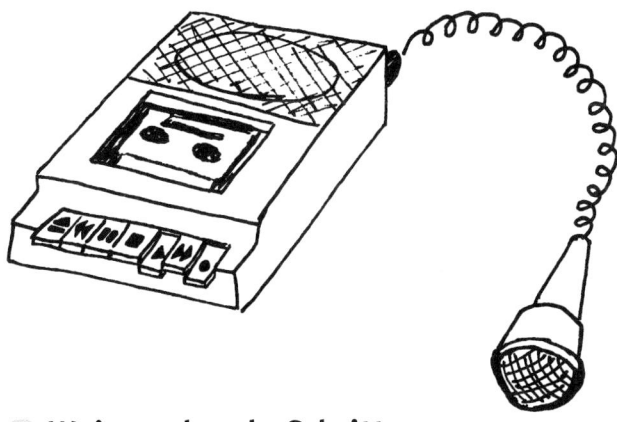

Weitergehende Schritte

Wenn Bandaufnahmen von Einzelgesprächen einen festen Platz in Schule und Kindergarten haben, können Sie einen Schritt weitergehen und **Klassen- bzw. Gruppengespräche aufzeichnen**. Beim späteren Abhören dieser Aufnahmen mögen Sie Hinweise auf den Wissensstand der Kinder oder auf Missverständnisse bekommen, die Ihnen in der Gesprächssituation selbst nicht aufgefallen sind.

Ein auf Band aufgenommenes Interview kann ein wertvoller „Schlussakt" zur **Beendigung eines Projektes** sein, das auf Anregung eines Kindes stattgefunden hat. Wenn sich mehrere Kinder daran beteiligt haben, können Sie ein Kleingruppeninterview durchführen. Die Gruppe kann Notizen oder ein Transkript des Interviews als Ausgangspunkt für einen mündlichen oder schriftlichen Bericht oder eine Präsentation nutzen. Möglicherweise fühlen sich die Kinder bei einer Präsentation vor der ganzen Klasse sicherer, wenn sie zuvor Ihre Interviewfragen zum Projekt beantwortet haben.

Versuchen Sie, **andere Ereignisse** im Unterricht oder während der Arbeit im Kindergarten auf Band festzuhalten: z.B. Kinder beim Singen, beim Vorlesen oder beim Gespräch über ein bestimmtes Thema aufnehmen. Verwenden Sie die Kassetten, die für die einzelnen Kindern vorgesehen sind und geben Sie das **Datum** und die **Art des Ereignisses** an, bevor Sie die Stimmen der Kinder aufnehmen. Machen Sie auf der Kassettenhülle einen **Vermerk** dazu, so wie Sie Interviewaufnahmen beschriften würden.

> *Zur Erinnerung: Wenn Sie mit dieser Methode im Unterricht/im Kindergarten umgehen können, überlegen Sie sich, ob sowohl regelmäßige Lerntagebuchgespräche als auch regelmäßige Interviews für alle Kinder nötig sind. Ist für manche möglicherweise die eine oder die andere Methode ausreichend? Können Sie Merkmale der Methoden bei der Bewertung einiger Kinder miteinander kombinieren? Richten Sie es so ein, dass diese Methoden für Sie und die Kinder funktionieren, indem Sie sie nach Bedarf vermischen, in Einzelteile zergliedern oder ausdehnen.*

> *Familien einbinden!*
>
> *Eltern hören sich gern Aufnahmen ihrer Kinder an, und daher sind Tonbandaufnahmen besonders gut geeignet, um eine verstärkte Einbindung der Familien in Gang zu bringen.*
> - *Spielen Sie kürzlich entstandene Aufnahmen der Kinder bei Elterngesprächen vor. Lassen Sie die Kinder ihren Eltern den Zusammenhang erklären, in dem die Aufnahme entstanden ist.*
> - *Geben Sie den Eltern Audiokassetten mit, wenn ihre Kinder Ihre Klasse oder Einrichtung verlassen.*
> - *Lassen Sie Familien selbst Aufnahmen von Familienereignissen zu machen: Gespräche am Küchentisch, wenn Verwandte zu Besuch kommen, Auftritte der Kinder, bei denen sie ihre Lieblingslieder, -gedichte, -geschichten oder sogar Teile von Filmdialogen vortragen.*
> - *Audiokassetten lassen sich gut in der Kommunikation mit Eltern einsetzen, die Schwierigkeiten beim Sehen oder beim Lesen und Schreiben haben. Nehmen Sie eine freundliche und leicht verständliche Erläuterung zu Arbeitsproben oder anderen Materialien auf Band auf. Geben Sie dann das Band mit den Materialien dem entsprechenden Kind mit nach Hause.*

Sechster Schritt: Systematisch beobachten

Vorbereitung

Im 10-Schritte-Programm zur Arbeit mit Portfolios entstehen durch systematische Beobachtungen **geplante Notizen**, die Sie sich zu bestimmten Kindern und ihrem Verhalten in bestimmten Situationen machen wollen. Sie ergeben sich ganz natürlich aus **Lerntagebüchern**, weil Sie genau die Aktivitäten beobachten und festhalten können, die Sie mit dem Kind im Rahmen des Lerntagebuchgesprächs geplant haben.

Die systematische Beobachtung von kindlichen Aktivitäten kann Ihnen helfen, die **Wirksamkeit bestimmter Lehrmethoden** und die **Fähigkeiten** und **Fertigkeiten** einzelner Kinder einzuschätzen. Wenn Sie es sich beispielsweise zum Ziel gesetzt haben, den naturwissenschaftlichen Unterricht in Ihrer Klasse zu verbessern und vorhaben, eine Reihe von einfachen Experimenten anzubieten, könnten Sie die Reaktionen der Kinder auf diese Angebote in systematischen Aufzeichnungen festhalten. Wenn Ihre systematischen Beobachtungen Ihnen zeigen, dass nur wenige Kinder mit den geometrischen Körpern in der Matheecke richtig umgehen können, wissen Sie, dass Sie ihnen den Umgang damit in kleinen Gruppen vormachen müssen.

Nachdem Sie nun schriftliche Kommentare verfasst und Kommentare der Kinder in Interviews in Form von schriftlichen Aufzeichnungen festgehalten haben, sind Sie gut gerüstet für die nächste schriftliche Aufgabe, die **systematischen Aufzeichnungen**. Dieser Schritt hat einen weiteren Vorteil: er bereitet Sie auf den siebten Schritt vor: die situationsbezogene Beobachtung. Hier schätzen sie bestimmte Ereignisse als Beweismaterial nach ihrer Bedeutsamkeit ein und halten sie fest, während Sie beobachten.

Im Vergleich zu Ihren kurzen Kommentaren zu Arbeitsproben, Fotos und Lerntagebüchern oder auch zu Ihren Interviewnotizen sind die Notizen zu systematischen Beobachtungen als schwierigere Art der schriftlichen Aufzeichnung einzustufen. Vielleicht ist es hilfreich, wenn Sie sich die allgemeinen Anmerkungen zu schriftlichen Aufzeichnungen im 4. Kapitel noch einmal ansehen (Seiten 52–58).

Fragestellung

Es ist wichtig, eine **klare Frage** zu stellen, die mit Hilfe systematischer Beobachtung beantwortet werden kann. Formulieren Sie so präzise wie möglich.
Der Versuch, mit dieser Methode herauszufinden, „wie Benjamin in Mathe ist", dürfte schwierig und frustrierend sein. Möchten Sie wissen, ob Benjamin in der Lage ist, mit der 100er Tafel als Hilfsmittel umzugehen? Oder geht es bei Ihrer Frage eigentlich darum, ob Benjamin aufpasst, wenn Rechenwege erläutert werden?
Vielleicht möchten Sie sehen, ob Lisa sich in der Matheecke an andere Kinder wendet, wenn sie Rat oder Hilfe braucht, oder ob sie immer versucht, allein mit einem Problem zurechtzukommen.

> *Je genauer Sie das **Ziel** Ihrer Beobachtungen fassen, desto größer ist die Chance, dass Sie tatsächlich die Informationen festhalten, die Sie brauchen.*

Voreingenommenheit vermeiden

Eine weitere Schwierigkeit bei systematischen und situationsbezogenen Aufzeichnungen besteht darin, dass Sie **unvoreingenommen bleiben** müssen.
Hier wird der **Unterschied** zwischen beschreibendem und wertendem Sprachgebrauch wichtig. Sie dürfen nur das beschreiben, was Sie tatsächlich sehen, und nicht, was Sie zu sehen erwarten oder hoffen. Außerdem ist es wichtig, Ihren Tatsachenbericht über Ereignisse von allen Kommentaren zu trennen, die Sie zu dem Geschehen machen. Dies können Sie mit einem Portfolio-Partner (Kollegen etc.) trainieren. Richten Sie es so ein, dass Sie beide eine bestimmte Situation oder ein bestimmtes Ereignis beobachten und sich Notizen dazu machen. Vergleichen Sie, was Sie geschrieben haben und sprechen Sie über Widersprüche in Ihren Beobachtungen. Mit dieser Übung vertiefen Sie Ihre Fähigkeit, **objektive Aufzeichnungen** zu machen. Üben Sie weiter, bis sich Ihre Beobachtungen und die Ihres Partners weitgehend decken.
Denken Sie daran, dass bei Ihrem Austausch die Vertraulichkeit der Informationen gewahrt bleiben muss.

Natürlich ist schon die bloße Entscheidung, bestimmte Aktionen zu beobachten und zu beschreiben, ein Ausdruck von Voreingenommenheit, weil Sie schriftliche Aufzeichnungen anfertigen, die bestimmte Aspekte im Verhalten eines Kindes hervorheben und andere ignorieren. Das ist der Grund, weshalb die Entwicklungs- und Leistungsbewertung mit Portfolios so wertvoll ist: Die Anwendung unterschiedlicher Bewertungsmethoden stellt sicher, dass mehrere Aspekte der Entwicklung und Entfaltung eines Kindes beurteilt und bewertet werden.

Zuerst wird geübt!

Helfen Sie den Kindern, sich mit Ihrer neuen Vorgehensweise vertraut zu machen und führen Sie systematische Beobachtungen zu Trainingszwecken durch. Erklären Sie, dass Sie zusehen und aufschreiben werden, was Sie beobachten und dass Sie nicht mit den Kindern sprechen können, während Sie damit beschäftigt sind.

Üben Sie diese Situation oft genug, bis die Kinder sich daran gewöhnt haben. Darüber hinaus schärft dieses Training Ihren Blick dafür, welche Verhaltensweisen mit Hilfe der systematischen Beobachtung bewertet werden können.

Zum Thema „Privatsphäre"

Bevor Sie systematische Beobachtungen als Teil der Leistungsbewertung mit Portfolios einsetzen, mag es sinnvoll sein, das Thema „Privatsphäre" mit dem Träger Ihrer Einrichtung oder Ihrer Schule durchzusprechen. Eine grundsätzliche Vereinbarung, in welchen Fällen die Einrichtung oder Schule das **Einverständnis der Eltern** einholen soll, wäre hier hilfreich. Wir empfehlen Ihnen, nach Möglichkeit das **Kind** und die **Eltern** über Ihre Absicht zu **informieren**, systematische Beobachtungen durchzuführen.

Wenn Sie zum Beispiel herausfinden möchten, in wie weit Sebastian andere Kinder um Rat fragt, wenn er schwierige Mathematikaufgaben bearbeitet, könnten Sie ihm sagen: „Ich möchte mehr über deine Arbeit bei schwierigen Matheaufgaben erfahren, und deshalb werde ich zusehen und mir Notizen machen. Wenn ich damit fertig bin, zeige ich dir meine Notizen."

Tipps zur Durchführung

Wenn Sie ein Thema und eine bestimmte Verhaltensweise für Ihre systematischen Beobachtungen gewählt haben, überlegen Sie, **wann** und **wie oft** Sie die Beobachtungen durchführen wollen. Wir empfehlen, sich an **drei aufeinander folgenden Tagen** auf **dasselbe** Verhalten zu konzentrieren und damit sicherzustellen, dass es sich dabei tatsächlich um eine typische Verhaltensweise handelt.

Nach Abschluss Ihrer systematischen Beobachtungen ist es ganz wichtig, dass Sie überlegen, ob diese Methode die benötigten Informationen erbracht hat. Wenn die Beweise, die Sie durch systematische Beobachtungen gesammelt haben, für klare Schlussfolgerungen nicht ausreichen, bieten sich **Interviews** oder gezielt gestellte Aufgaben **(analytische Aufgaben)** als zusätzliche Bewertungsmethoden an, um Ihren Eindruck zu festigen.

Die Art und Weise, wie Sie sich Notizen bei systematischen Beobachtungen machen, ist der Methode sehr ähnlich, die Sie bei Interviews anwenden:

- Beobachten Sie die **Handlungen des Kindes** und konzentrieren Sie sich darauf, sie festzuhalten. Stellen Sie **keine Vermutungen** über Motive oder Gefühle des Kindes an.
- Notieren Sie die **Zeit** mehrmals während Ihrer Beobachtungen.
- Halten Sie die Ereignisse in der richtigen **Reihenfolge** fest. Falls Sie nicht jedes Ereignis zu dem Zeitpunkt notieren, zu dem es passiert, verwenden Sie Pfeile, um die Reihenfolge deutlich zu machen.
- Schildern Sie wichtige **Einzelheiten der Umgebung**. Arbeitet das Kind an einem Platz, an dem sich noch viele andere Kinder aufhalten? Ist es heiß oder kalt im Raum? Fehlt der beste Freund des Kindes, das Sie beobachten? Mit etwas Übung werden Sie die relevanten Faktoren rasch erkennen und festhalten. So könnte die Tatsache wichtig sein, dass der beste Freund eines Siebenjährigen fehlt, mit dem er normalerweise zusammenarbeitet. Welche Farbe sein Hemd hat, ist dagegen wahrscheinlich unerheblich!
- **Fassen** Sie Ihre **Notizen** in einer förmlichen systematischen Aufzeichnung **zusammen**. Schreiben Sie ausführlich und genau. Schreiben Sie nicht: „Während der Partnerarbeit war Johanna heute launisch." Schreiben Sie statt dessen: „Johanna lächelte und redete mit anderen Kindern, bevor sie eine Aufgabe mit Lena bearbeiten sollte. Bei der Partnerarbeit stritt sie sich mit Lena und weigerte sich, zusammen mit ihr die Aufgabe zu lösen."

Notizen zu systematischen Beobachtungen auf einem Diktiergerät festzuhalten, halten wir nicht für empfehlenswert. Diese Geräte sind nützlich, wenn Sie spontane oder situationsbezogene Beobachtungen (Schritt sieben) anstellen, weil Sie in einem solchen Fall auf ein Ereignis reagieren, das sich unmittelbar zuvor abgespielt hat.

Bei systematischen Beobachtungen versuchen Sie jedoch, das **typische Verhalten** eines Kindes in dem Moment festzuhalten, in dem es sich zeigt, ohne dabei dieses Verhalten zu beeinflussen.

Es würde störend wirken, wenn Sie dabei Ihre Gedanken diktieren.

> *Zur Erinnerung: Überlegen Sie sich, was Sie bewerten wollen und ob dieser Portfolio-Schritt zu dem passt, was Sie sich vorgenommen haben. Sehen Sie sich die anderen Schritte im Portfolio-Programm an. Wäre eine dieser Methoden für Ihre Zwecke besser geeignet?*

Systematische Bebachtungen

11. März – Josephine
Gesamte zweite Klasse überarbeitet die Hausaufgaben: Gedanken zu einer Geschichte im Lesebuch.
J. ist dabei, in anderer Arbeit zu radieren und zu verbessern, reagiert aber sofort, wenn aufgerufen. Liest ihre Antwort zu Frage auf Arbeitsblatt vor.
L. ruft verschiedene Kinder auf, Absätze der Lesebuchgeschichte laut zu lesen. J. scheint nicht aufzupassen, liest aber sofort, wenn aufgerufen. Liest stockend und monoton, macht bei Satzzeichen keine Pause. Weniger ausdrucksstark als etwa die Hälfte der Leser. Braucht Hilfe bei den Wörtern „Verabredung", „wachsen", „äußerst".
J. blättert mit anderen um. Braucht bei zweitem Lesedurchgang nur bei „Sonnenstrahlen" Hilfe. Keine Pause bei Satzzeichen.
L. stellt Fragen zum Text. J. meldet sich eifrig bei jeder Frage. Wenn aufgerufen, gibt sie ausführliche, überlegte Antworten, sagt mehrmals „ähm". Wird zappelig und unruhig, als L. nach Ideen für Informationsbeschaffung fragt. Als sie aufgerufen wird: „Ich würde einfach das Buch nehmen", „ich würde es wie er machen" (zeigt auf anderes Kind).

12. März – Josephine
Ganze Klasse folgt Anweisungen des L.s, wie ein Luftexperiment mit einer Flasche und einer Münze aufgebaut wird und eine Münze zum „hüpfen" gebracht werden kann. J. arbeitet in kleiner Gruppe. Meldet sich nicht auf Fragen.

13. März – Josephine
L. geht mit Kindern noch einmal gestrige Arbeit des Experimentes durch. J. meldet sich, antwortet. Klar und durchdacht.
L. lässt versch. Kinder aus kurzem Buch über Luftdruck vorlesen. J. liest stockend und monoton, keine Pausen bei Satzzeichen. Braucht Hilfe bei „Luftdruck", „erwärmen". Bei 2. Durchgang nicht ausdrucksstärker.

Kommentare:
Josephines Mutter bat um Informationen, wie flüssig ihre Tochter vorliest. Bei systematischen Beobachtungen an drei aufeinander folgenden Tagen stellte ich fest, dass Josephine Geschichten und Sachtexte versteht und in einer Frage-und-Antwort-Situation darüber sprechen kann. Bei solchen Gesprächen ist ihr Redefluss häufig durch „ähm" unterbrochen, und sie hat einige Schwierigkeiten beim Vorlesen. Ich habe den Eindruck, dass Josephines sprachliche Fähigkeiten keine Rückschlüsse auf das Verständnis des Themas zulassen.

So können Sie beginnen

1. Wenn Sie sich entschieden haben, systematische Beobachtungen von einem bestimmten Kind durchzuführen, holen Sie gegebenenfalls die **Erlaubnis der Eltern** ein.
2. Legen Sie fest, **wann** Sie die Beobachtungen durchführen wollen und notieren Sie die **Zeiten** in Ihrem Terminkalender.
3. Organisieren Sie **Hilfe** durch einen Kollegen oder Assistenten, der Ihre üblichen Aufgaben übernimmt, während Sie die Beobachtungen durchführen.
4. **Informieren** Sie **das Kind** davon, dass Sie sich zu einer bestimmten Zeit Notizen machen werden.
5. Führen Sie die **Beobachtungen** durch und machen Sie sich **Aufzeichnungen** zum Verhalten des Kindes. Konzentrieren Sie sich auf Schilderungen, vermeiden Sie Bewertungen.
6. Fragen Sie sich nach jeder Beobachtung: „Habe ich **alle Umstände** wiedergegeben, die mit dieser Begebenheit zu tun haben?" Fügen Sie **Einzelheiten** hinzu, an die Sie sich erinnern. Wenn Sie feststellen, dass Sie wichtige Details übersehen haben, planen Sie einen weiteren Termin ein.
7. **Fassen** Sie Ihre systematischen Beobachtungen auf einem Vordruck für systematische Aufzeichnungen **zusammen** (Abbildung: siehe rechts oben. Kopiervorlage auf Seite 125 im Anhang). Fügen Sie das **Datum** hinzu sowie Ihre **Gründe**, weshalb Sie die Beobachtungen durchführen. Verweisen Sie den Leser auf alle anderen **Arbeiten** im Portfolio, die mit dem Thema der Beobachtung zu tun haben.
8. **Besprechen** Sie Ihre Beobachtungen mit dem **Kind**, wenn sich eine passende Gelegenheit wie ein Lerntagebuch- oder Portfolio-Gespräch ergibt. Lassen Sie das Kind Ihre Beobachtungen schriftlich oder in Diktatform **kommentieren**. Versehen Sie seine Kommentare mit dem **Datum** und klammern Sie sie an die systematische Aufzeichnung.
9. Planen Sie als Ergänzung Ihrer systematischen Beobachtungen **weitere Leistungsbewertungen** wie Interviews oder das Sammeln von Arbeitsproben ein.

Systematische Beobachtung

Kind: _____
Datum: _____
Beobachter: _____
Zeit: von _____ bis _____
Beobachtungserlaubnis erteilt durch: _____
Tätigkeit oder Verhalten: _____
_____
_____
Beobachtungsort: _____
Einzelheiten: _____
_____
_____
_____
Grund für Beobachtung: _____
_____
Anmerkungen: _____

Weitergehende Schritte

Wenn systematische Aufzeichnungen zum festen Bestandteil des Schul- oder Kindergartenalltags geworden sind, könnten Sie Ihre Aufzeichnungen durch **separate Kommentare** oder **Überlegungen zu weitergehenden Plänen** ergänzen.

Systematische Beobachtungen können eine wesentliche Bereicherung des frühkindlichen „Lehrplans" darstellen. Sobald Sie sich an häufige Notizen gewöhnt haben, können Sie die Kinder daran beteiligen. Kindergartenkinder weisen Sie wahrscheinlich auf interessante Ereignisse hin, zu denen Sie sich Notizen machen sollten. Grundschüler könnten sogar selbst Aufzeichnungen zu Begebenheiten in der Klasse machen, zu Ereignissen auf dem Schulhof, in der Sporthalle etc..

> *Familien einbeziehen!*
>
> *Aus ethischen Gründen sollten Sie überlegen, ob Sie mit systematischen Beobachtungen die Privatsphäre eines Kindes verletzen.*
>
> ▶ *Am einfachsten ist es, wenn Sie **Eltern** und **Kind** um die **Erlaubnis bitten**, das Kind zu beobachten. Dies mag wie ein unnötiger oder zeitraubender Schritt aussehen, hat aber zwei wichtige Vorteile:*
> *Erstens beziehen Sie die Eltern auf diese Weise in die fortlaufende Entwicklungs- und Leistungsbewertung ihres Kindes ein.*
> *Zweitens schützt er Sie vor möglichen späteren Beschwerden.*
>
> ▶ *Wenn Sie beschließen, dass es nützlich sein könnte, das Verhalten eines Kindes in einer bestimmten Situation zu beobachten, unterrichten Sie die Eltern in einem klaren, deutlichen **Schreiben von Ihrem Vorhaben**.*
>
> ▶ *Laden Sie sie ein, Überlegungen und eigene Beobachtungen beizutragen, während Sie Vorbereitungen treffen, ihr Kind mit Hilfe von systematischen Beobachtungen zu bewerten. Sie können sie auch anregen, diese Bewertungsmethode wenn möglich auch zu Hause anzuwenden.*

So könnte ein Schreiben an die Eltern lauten:

Liebe Frau Sander, lieber Herr Sander,

mir ist aufgefallen, dass Michael Aufgaben im Unterricht selten im vorgegebenen Zeitrahmen abschließt. Ich würde ihn gern bei der Arbeit beobachten um herauszufinden, wo seine Schwierigkeiten liegen. Sollten Sie Einwände gegen diesen Plan haben, lassen Sie es mich bitte auf dem unten anhängenden Abschnitt wissen und geben Sie ihn mir bis Montag den _____ zurück.

Ihre eigenen Beobachtungen von Michaels Aktivitäten zu Hause wären hilfreich. Führt er Aufgaben zu Hause (zum Beispiel seine Kleider wegräumen oder einen kurzen Dankeschönbrief schreiben) vollständig und zeitnah aus oder scheint er Schwierigkeiten zu haben, sie zu Ende zu bringen?

Bitte rufen Sie mich an oder schreiben Sie mir eine kurze Notiz, falls Sie eine Idee haben, warum Michael im Augenblick ein paar Schwierigkeiten mit seiner Arbeit im Unterricht hat.

Vielen Dank für die Zusammenarbeit!

Siebter Schritt: Situationsbezogen beobachten

Vorbereitung

Bei situationsbezogenen Beobachtungen geht es darum, **wichtige Ereignisse** in der Entwicklung eines Kindes zu erkennen, sobald sie eintreten und kurz und klar darüber zu berichten. Der Erzieher oder Lehrer übernimmt die Rolle eines **„Lokalreporters"**: er ist immer wachsam und erkennt berichtenswerte Neuigkeiten sofort, hält ständigen Kontakt mit seinen wichtigen Informantionsquellen und beobachtet alle Aktivitäten in seinem „Revier" – dem Klassenzimmer oder der Betreuungseinrichtung.

Die Durchführung von nützlichen situationsbezogenen Beobachtungen erfordert **grundlegende Kenntnisse** über die **kindliche Entwicklung** und die **Ziele** und **Absichten** Ihrer Einrichtung. Außerdem müssen Sie in der Lage sein, gleichzeitig zu denken, zu schreiben und herumzulaufen!

Wenn Sie mit den Schritten 1 bis 6 des 10-Schritte-Programms zur Arbeit mit Portfolios vollkommen vertraut sind, wird Ihnen der siebte Schritt, die Durchführung von situationsbezogenen Beobachtungen bzw. Aufzeichnungen nicht schwerfallen. Alle Fähigkeiten, die Sie brauchen, haben Sie schon gelernt. Sie haben verschiedene Portfolio-Methoden auf alle Bereiche der kindlichen Entwicklung und Entfaltung angewandt und haben dadurch gelernt, das ganze Kind zu betrachten. Sie führen regelmäßige Lerntagebuchgespräche mit den Kindern durch und haben die Interessen, Bedürfnisse und Fertigkeiten eines jeden Kindes besser als jemals zuvor kennengelernt.

Sie beschriften Arbeitsproben und Fotos, schreiben Kommentare zu Einträgen in Lerntagebüchern, Zusammenfassungen von Interviews und systematischen Beobachtungen und haben auf diese Weise Ihre Schreibfertigkeiten verfeinert und alle Scheu vor dem Schreiben verloren. Vielleicht haben Sie sogar Ihre eigene Form der Kurzschrift entwickelt. Und nun müssen Sie nichts weiter tun als in die Rolle des „Lokalreporters" zu schlüpfen.

Rüsten Sie sich immer mit einem **Notizbuch** und einem guten **Stift** aus. Dann beobachten Sie die Aktivitäten in der Klasse/Gruppe, beteiligen sich daran und machen sich **kurze Notizen** zu allem, was Ihnen wichtig erscheint. Überdenken Sie die Fertigkeiten und Fähigkeiten, die Sie gegenwärtig mit Lernaktivitäten verknüpfen, in regelmäßigen Abständen – als Auffrischungskurs für Sie, um sich immer wieder klarzumachen, worauf Sie Ihr Augenmerk richten sollten.

Alternativ können Sie kurze Anmerkungen auf ein **Diktiergerät** sprechen. Aufnahmegeräte sind besonders gut für Aufzeichnungen bei situationsbezogenen Beobachtungen geeignet, denn das spontane Element in dieser Methode bedeutet, dass Sie nicht bemüht sind, bei Aktivitäten im Hintergrund zu bleiben. Sie können das Diktiergerät den Tag über mit sich herumtragen und am Ende des Tages Ihre diktierten Anmerkungen auf Kopiervorlagen für situationsbezogene Beobachtungen übertragen.

Noch ein paar Tipps für die Durchführung von situationsbezogenen Beobachtungen:

- Beschränken Sie sich in Ihrem Bericht auf **eine** Begebenheit.
- Formulieren Sie Ihre Notizen so **zeitnah** wie möglich aus.
- Halten Sie nur **Tatsachen** fest!
- Halten Sie **alle Kommentare** zu der Begebenheit in einem **separaten Abschnitt** Ihres Vordrucks für situationsbezogene Beobachtungen fest.
- Verweisen Sie im Abschnitt für Kommentare auf **zusätzliches Beweismaterial** wie Arbeitsproben oder Fotos.

Wir halten es nicht für empfehlenswert, für jedes Kind in Ihrer Klasse eine festgelegte Anzahl von situationsbezogenen Beobachtungen einzuplanen. Ein solches Vorhaben könnte die wichtigste Portfolio-Methode zu einer überwältigenden Arbeitslast werden lassen. Konzentrieren Sie sich stattdessen darauf, einzelne Kinder in verschiedenen Situationen zu beobachten und sich Notizen zu **bedeutsamen Ereignissen** zu machen.

Wenn sich nach einiger Zeit herausstellt, dass Sie sich bei Ihren situationsbezogenen Beobachtungen hauptsächlich mit ein paar Kindern oder Situationen beschäftigen, können Sie Ihre Aufmerksamkeit bewusst anderen Kindern und Situationen zuwenden. (Daraus würden dann geplante systematische Beobachtungen entstehen.)

Die Anzahl der situationsbezogenen Beobachtungen wird vermutlich je nach Lehr- oder Zeitplan zwischen ein oder zwei pro Tag und bis zu fünf pro Tag variieren. Wenn sich diese Methode in dem Maße für Sie bewährt, werden Sie im Laufe der Zeit wahrscheinlich mehr und mehr solcher Verhaltensbeobachtungen anstellen.

So können Sie beginnen

1. Halten Sie Ihre Beobachtungen **zeitnah** zu dem beschriebenen Ereignis fest, damit Ihre Aufzeichnungen präzise sind.
2. Halten Sie das **Datum**, den **Namen des Kindes** und die **Einzelheiten der Begebenheit** fest.
3. Verwenden Sie **kurze Satzfragmente**, keine ganzen Sätze zur Beschreibung des Vorkommnisses. Benutzen Sie **Abkürzungen** wann immer möglich. Konzentrieren Sie sich auf Schilderungen.
4. Zum Abschluss eines Tages und als Vorbereitung für den kommenden Tag sollten Sie **alle Notizen**, die Sie im Laufe eines Tages gemacht haben, **durchsehen** und entscheiden, welche **Aufzeichnungen** Sie **aufbewahren** wollen.
Übertragen Sie diese Aufzeichnungen auf die Kopiervorlage für situationsbezogene Beobachtungen und fügen Sie gegebenenfalls Kommentare hinzu. (Einen Vordruck für situationsbezogene Beobachtungen finden Sie im Anhang auf S. 126.)
5. Teilen Sie dem Kind im Rahmen eines **Lerntagebuch-** oder **Portfolio-Gesprächs** gegebenenfalls mit, **was** Sie beobachtet haben.
Lassen Sie das Kind Ihre Beobachtungen schriftlich oder als Diktat kommentieren. Versehen Sie seine Kommentare mit dem **Datum** und befestigen Sie sie an Ihren Aufzeichnungen der situationsbezogenen Beobachtungen.

Beispiel für einen ausgefüllten Vordruck für situationsbezogene Beobachtungen

Beispiel für eine schnelle handschriftliche Notiz

Weitergehende Schritte

Situationsbezogene Beobachtungen sind unschätzbare Quellen für Erläuterungen Ihrer Arbeitsweise. Schreiben Sie den Eltern einen Brief. Beginnen Sie mit einer situationsbezogenen Beobachtung (ändern Sie gegebenenfalls den Namen des Kindes) und erklären Sie dann, welche Bedeutung dieses Ereignis für Ihre Ziele und die Entwicklung des Kindes hat.

Familien einbeziehen!

▶ Eltern wissen Nachrichten über die Aktivitäten ihrer Kinder in der Schule oder Betreuungseinrichtung zu schätzen. Es ist nicht nötig, dass Sie alle Informationen, die Sie durch situationsbezogene Verhaltensbeobachtungen sammeln, für formelle Elterngespräche aufsparen. Situationsbezogene Aufzeichnungen sind eine reichhaltige Quelle, aus der Sie Material für kurze Briefe an einzelne Eltern schöpfen können, wenn Sie ihnen von wunderbaren Sachen berichten wollen, die ihre Kinder gemacht haben.

▶ Wenn Sie die situationsbezogenen Notizen eines Tages durchsehen und überlegen, welche Begebenheiten Sie der Kopiervorlage für situationsbezogene Beobachtungen festhalten wollen, nehmen Sie sich ein paar Augenblicke Zeit. Schreiben den Eltern eine Notiz über eines der Ereignisse, zu denen Sie sich Aufzeichnungen gemacht haben. Dafür können Sie einen einfachen Notizblock verwenden oder den Vordruck für situationsbezogene Nachrichten vervielfältigen, den Sie unten abgebildet finden.
(Kopiervorlage im Anhang auf Seite 127.)

▶ Versuchen Sie Eltern mit eingeschränkter Lesefähigkeit oder Eltern, die in der Vergangenheit nicht auf schriftliche Nachrichten reagiert haben, **telefonisch** zu erreichen.

▶ Sie könnten sich zum Ziel setzen, jeden Tag eine Nachricht einer situationsbezogene Beobachtung an die Eltern eines Kindes zu schicken. Eine **Checkliste** oder einen **Zeitplan** für diese kurzen Briefe halten wir **nicht für empfehlenswert**, doch Sie sollten versuchen, Ihre „guten Nachrichten" gleichmäßig zu verteilen und sicherzustellen, dass im Laufe der Zeit alle Eltern auf die eine oder andere Weise von Ihnen hören.

▶ Gute Nachrichten über die Aktivitäten der Kinder zu verbreiten ist eine wichtige Vorbereitung für **formelle Gespräche** mit den Eltern, bei denen Sie möglicherweise auch **Sorgen und Bedenken** im Bezug auf die Entwicklung ihres Kindes ansprechen müssen. Wenn Sie zunächst Gutes berichten, zeigen Sie, dass Sie den Kindern eine positive Grundhaltung entgegenbringen.

Vordruck für Nachrichten an die Eltern

Achter Schritt: Entwicklungsberichte schreiben

Vorbereitung

Wenn Sie das 10-Schritte-Programm zur Arbeit mit Portfolios durchgeführt haben und mit jedem der Schritte 1–7 umgehen können, verfügen Sie über die nötigen Informationen und Fertigkeiten und können Entwicklungsberichte schreiben.

Trotzdem mögen Sie denken: „Nun sammle ich schon Arbeitsproben, führe Lerntagebuchgespräche und Interviews durch und stelle systematische und situationsbezogene Beobachtungen an. Entwicklungsberichte bedeuten wahrscheinlich nur noch mehr Schreibarbeit, eine Wiederholung dessen, was ich schon gemacht habe. Du meine Güte!"

Stimmt! Sie haben schon eine Menge Arbeit geleistet.

> *Entwicklungsberichte sind eigentlich Zusammenfassungen dessen, was Sie im Laufe eines festgelegten Berichtzeitraumes über Entwicklung und Entfaltung eines einzelnen Kindes herausgefunden haben.*

Wir sind jedoch der Ansicht, dass es trotzdem vier gute Gründe gibt, diesen Schritt im Portfolio-Programm durchzuführen.

Vier Gründe, weshalb Sie Entwicklungsberichte schreiben sollten:

1. Die Eltern werden Ihre Zusammenfassung der Entwicklung ihrer Kinder zu schätzen wissen. Viele werden Ihre Berichte über die Entwicklung ihres Kindes über Jahrzehnte aufbewahren.
2. Der achte Schritt ist eine gute Vorbereitung für den neunten Schritt, das 3-Parteien-Portfolio-Gespräch mit Eltern und Kindern.
3. Wenn Sie Entwicklungsberichte schreiben, gehen Sie den Inhalt des Portfolios systematisch durch und stellen eine Verbindung zwischen den Aktivitäten der Kinder und äußeren Normen oder Kriterien her.
4. Entwicklungsberichte vereinfachen das allgemeine System der Leistungsbewertung. Wenn Sie den Übergang eines Kindes in eine andere Klasse oder eine andere Einrichtung vorbereiten, können Sie die meisten Portfolio-Unterlagen an das Kind oder seine Eltern weitergeben. Ihre Entwicklungsberichte werden den wesentlichen Teil des **Präsentations-Portfolios** bilden – sie sind so etwas wie eine Einweisung für den nächsten Lehrer/Erzieher des Kindes. Ein paar ausgewählte Arbeitsproben mit Schlüsselcharakter belegen Ihre Zusammenfassungen, die Sie mit den Entwicklungsberichten liefern. Auf diese Weise bereitet der achte Schritt den Weg zum zehnten Schritt vor – Präsentations-Portfolios zusammenstellen.

Material für Ihre **Entwicklungsberichte** bieten Ihnen der Inhalt der Portfolios und vertrauliche Anmerkungen und Notizen in Ihrem Pädagogisches Tagebuch, falls Sie eines führen.

Entwicklungsberichte müssen **nicht** allzu lang sein (vier bis acht Absätze reichen), doch sie sollten **gründlich** sein.

Eine **Checkliste** wie die folgende hilft Ihnen, die wichtigen Themen abzudecken. (Beachten Sie bitte, dass wir die sozio-emotionale Entwicklung berücksichtigen, jedoch nur als einen von drei Entwicklungsbereichen. Es ist ein weit verbreiteter Fehler, ganze Entwicklungsberichte ausschließlich dem Verhalten der Kinder zu widmen. Denken Sie daran: Eltern interessieren sich auch für die schulischen Fortschritte ihrer Kinder.)

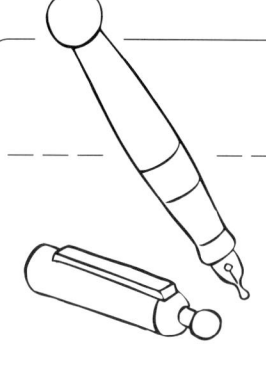

Aufbau von Entwicklungsberichten

Teil 1:
▷ Zusammenfassung der Fortschritte des Kindes seit dem letzten Zeugnis (oder seit dem letzten Elterngespräch oder im Verlauf des aktuellen Schuljahres)

Teil 2:
▷ **Wesentliche Entwicklungsbereiche**
Kommunikation
Mathematik
Problemlösung
Kreativität
Sozio-emotionale Entwicklung
Körpermotorik
Lesefähigkeit (bei Grundschulkindern)

Teil 3:
▷ Aktionsplan (Auflistung der geplanten Lerninhalte/Schritte für die Zukunft)

Mit wachsender Routine wird das Verfassen von Entwicklungsberichten weniger Zeit in Anspruch nehmen. Ein Computer trägt zur Vereinfachung dieses Schrittes bei, ist aber nicht unbedingt notwendig. Für den Anfang empfehlen wir jedoch, diese Berichte **gestaffelt** zu schreiben und zu verteilen. Wenn Sie Zeugnisse beispielsweise im Februar und August vergeben, können Sie in diesen Monaten wöchentlich einem Viertel der Kinder ihre Entwicklungsberichte mitgeben.

Wenn wir von einer Klassen-/Gruppenstärke von 20 Kindern ausgehen, könnte Ihr Zeitplan für Entwicklungsberichte folgendermaßen aussehen:

Zeitplan für Entwicklungsberichte

Februar
1. Woche → 5 Berichte
2. Woche → 5 Berichte
3. Woche → 5 Berichte
4. Woche → 5 Berichte

August
1. Woche → 5 Berichte
2. Woche → 5 Berichte
3. Woche → 5 Berichte
4. Woche → 5 Berichte

So können Sie beginnen

1. Planen Sie **Zeit** für das Verfassen von Entwicklungsberichten ein. Wenn möglich, richten Sie es so ein, dass ein Helfer oder ein Elternteil Ihre Klasse/Gruppe vorübergehend übernimmt, damit Sie mehr Zeit haben.
2. Sehen Sie sich das Portfolio eines Kindes an und machen Sie sich zu jedem Teil Ihres Berichts **Notizen**. Einige Arbeiten werden Ihnen lediglich Informationen zu einem Berichtteil liefern, andere sind für mehrere Abschnitte relevant.
3. Formulieren Sie für jeden Abschnitt Ihres Berichts eine **Arbeitsaussage** oder einen **Hauptpunkt**. Nummerieren Sie Ihre Kommentare zu unterschiedlichen Dokumenten im Portfolio, die Sie als Belege für Ihre Arbeitsaussage verwenden wollen.
4. Stellen Sie sich die **Frage**:
   ▷ *„Lässt sich ein Muster oder eine Tendenz erkennen?"*
   Formulieren Sie gegebenenfalls Ihre Beobachtungen für die Zusammenfassung.
5. Arbeiten Sie die **Berichtteile** aus. Feilen Sie daran.
6. Stellen Sie sich die **Fragen**:
   ▷ *„Habe ich wichtige Bereiche übersehen?"*
   ▷ *Muss ich systematische Beobachtungen oder andere Portfolio-Methoden einplanen, um die Entwicklung dieses Kindes in diesen Bereichen bewerten zu können?"*
   Halten Sie alle **Pläne für die Zukunft** im Abschnitt für Aktionspläne fest.
7. Bewahren Sie **ein Exemplar** des Entwicklungsberichts im **privaten Portfolio** des Kindes auf und geben Sie ein weiteres Exemplar an die **Eltern** weiter.

Entwicklungsbericht – 17. März
Tina, 6 Jahre alt

Dies ist ein Bericht über die Fortschritte, die Tina seit dem 10. Januar in unterschiedlichen Bereichen gemacht hat. Angaben zu Beweismaterial sind in Klammern angefügt. Tina macht in allen Bereichen Fortschritte und arbeitet mit spürbarer Begeisterung mit Bausteinen, Puzzles und Wasser.

Wesentliche Entwicklungen

Kommunikation

Tina beteiligt sich weiterhin an normalen Unterhaltungen mit anderen Kindern in der Gruppe. Sie verwendet Sätze, die zwei oder mehr Überlegungen mit beschreibenden Einzelheiten enthalten. Am 9. Februar sagte sie zu mir: „Frau Thelen, ich nehme das Baby und ziehe ihm das gelbe Kleid mit den blauen Blumen an. Dann mache ich uns Spagetti mit Fleischklößchen und roter Soße zum Abendessen." (Situationsbezogene Beobachtung vom 9. Februar)

Seit dem letzten Bericht wehrt sich Tina mit Worten (expressive Sprache) anstatt zuzuschlagen, wenn sie auf ein anderes Kind wütend ist. Bei mehreren Gelegenheiten in den vergangenen beiden Monaten hat Tina einem einzelnen Kind oder einer Gruppe von Kindern gesagt, dass es ihr nicht gefiel, was sie mit ihrem Puzzle oder ihrem Buch gemacht haben, hat sie aber nicht geschlagen.
Wir bemühen uns, sie in diesem Verhalten zu bestärken und ermuntern sie, Worte und nicht Fäuste einzusetzen, wenn sie sich ärgert. Sie hat zudem begonnen, den Lehrer um Hilfe bei Problemlösungen zu bitten, wenn sie mit Worten nicht die gewünschten Ergebnisse erzielt. (Systematische Beobachtungen vom 30. Januar, 9. Februar, 10. Februar, 12. Februar)

Tina folgt weiterhin problemlos den Anweisungen des Lehrers.
(Systematische Beobachtungen vom 10. Februar)

Mathematik

Tina ordnet weiterhin Gegenstände einander zu, die sich in einem Punkt gleichen, in anderen aber unterscheiden (Blaupapier, Blaubeere). Sie beginnt, Worte wie „ein paar", „nicht" und „alle" richtig einzusetzen, verwechselt die Worte „ein paar" und „alle" aber häufig. Tina arbeitet noch daran, vier oder mehr nach der Größe gestaffelte Gegenstände der Reihe nach anzuordnen (vom kleinsten zum größten) und macht Fortschritte beim richtigen Gebrauch von Vergleichswörtern in Gesprächen („Er ist größer als ich.") Tina ist nun in der Lage, bis zu 15 Gegenstände richtig zu zählen. *(Lerntagebuchgespräch vom 20. Januar; systematische Beobachtungen vom 18. und 19. Februar; Interview vom 21. Februar)*

Problemlösung

Tina sucht sich jeden Tag aus, an welcher Lernstation sie arbeiten möchte. An der Lernstation selbst entscheidet sie sich meist für Aktivitäten, bei denen sie mit ihren Händen arbeiten muss. Sie bevorzugt die Kunst-, Puzzle-, Bau- und Wasserstation. Seit dem letzten Berichtzeitraum legt Tina Beharrlichkeit bei der Lösung von Problemen an den Tag. Sowohl zu Hause als auch in der Schule versucht sie herauszufinden, wie ein Puzzle zusammengehört und gibt nicht auf und wird auch nicht ärgerlich, wenn es nicht gleich beim ersten Versuch gelingt. *(Übersicht über gewählte Lernstationen; 3-Parteien-Portfolio-Gespräch)*

Kreativität

Im Laufe des Berichtzeitraums hat Tina ihre Fähigkeit unter Beweis gestellt, aus Bausteinen ein Haus mit Schornstein, Treppe und Tür zu bauen. Sie hat verschiedene Bilder gemalt, die zeigen, dass sie beginnt, Einzelheiten wie Haarschleifen, Ohrringe und Armreifen in ihr Selbstportrait aufzunehmen. *(Arbeitsproben)*

Sozio-emotionale Entwicklung

Wir haben mit Tina an angemesseneren sozialen Interaktionen mit anderen Kindern gearbeitet. Sie nennt einige Klassenkameraden ihre Freunde und nimmt anderen Kindern nicht mehr so oft Spielsachen oder Lernspiele weg wie noch vor vier Monaten. Sie macht Fortschritte beim Teilen und Abwarten, bis sie an der Reihe ist. Wir werden mit Tina weiterhin Arten der Interaktion mit anderen Kindern erarbeiten, die es möglich machen, Freundschaften aufzubauen.
(Systematische Beobachtungen vom 30. Januar, 9. und 10. Februar und 13. Februar)

Körpermotorik

Tina zeigt weiterhin Fortschritte im koordinativen Bereichen wie Gleichgewichts- und Rhythmusfähigkeit. Immer wieder fängt sie kleine Jonglierbälle mit beiden Händen. Sie reagiert auf den stetigen Rhythmus von Liedern, indem sie rhythmisch in die Hände klatscht. Seit dem letzten Bericht hat sie ihre Fertigkeiten im Umgang mit Filzschreibern und Bleistiften erweitert, wie sich an der größeren Detailfülle in ihren Bildern erkennen lässt. *(Situationsbezogene Verhaltensbeobachtung vom 12. Februar; Arbeitsproben)*

Lesefähigkeit

Tina liest weiterhin mit Hilfe von Bildern und stützt sich bei der Wiedergabe einzelner Wörter auf die Illustrationen im Buch. Normalerweise beantwortet sie Fragen zu einfacheren Sätzen, die vorgelesen wurden. Sie kann fast alle Buchstaben benennen und hat seit dem letzten Bericht gelernt, ihren Familiennamen zu buchstabieren. *(Lerntagebuchgespräch vom 3. Februar)*

> *Aktionsplan*
>
> *Wir werden Tina weiterhin unterschiedliche Lernmöglichkeiten verschaffen, darunter ihre praktischen Lieblingsaktivitäten und zusätzliche Gelegenheiten zur Stärkung ihrer sozialen Fähigkeiten wie sprachliche Kommunikation und Teilen. Wir werden darüber hinaus darauf achten, dass in unserer Einrichtung Spielsachen und Bücher in ausreichender Anzahl zur Verfügung stehen, damit die Kinder nicht immer teilen müssen.*

Weitergehende Schritte

Sie können die Vorzüge dieser systematischen Durchsicht von Portfolios dadurch zusätzlich nutzen, in dem Sie andere Lehrer oder Erzieher daran beteiligen. Bitten Sie bei Konferenzen oder Teamsitzungen um Zeit, das **Portfolio eines Kindes vorzuzeigen**, Ihre **Beobachtungen** und **Schlussfolgerungen zu erläutern** und zu erklären, wie sie durch die Dokumente im Portfolio belegt werden.

Sie können diese Vorgehensweise auch anwenden, wenn es bei Konferenzen oder Teamsitzungen darum geht, ein Kind in eine spezielle Einrichtung oder eine weiterführende Schule zu geben.

Neunter Schritt: 3-Parteien-Portfolio-Gespräche führen

Vorbereitung

Kinder in die Lage zu versetzen, über ihre **eigene Entwicklung als Lerner** nachzudenken und sich **selbst Ziele** zu setzen, ist ein wesentlicher Bestandteil der Entwicklungs- und Leistungsbewertung mit Portfolios. Daher ist ein bedeutsamer Wendepunkt im Umsetzungsprozess erreicht, wenn die Kinder selbst in die Verwendung von Portfolios einbezogen werden.

Dies ist der Schritt, bei dem das Portfolio über seine Bedeutung als bloße Sammelmappe hinausgehoben wird. Dies ist der Schritt, der Ihre Klasse/Gruppe von einem hierarchischen System, in dem Sie die Entscheidungen treffen, in eine **Lernergemeinschaft** verwandelt – in der alle denken und ihre Arbeit planen, überdenken und überarbeiten.

Natürlich wird es den Kindern bis zu diesem Zeitpunkt kaum verborgen geblieben sein, dass Sie mit Portfolios arbeiten. Im Idealfall haben sie Arbeitsproben mit Ihnen gemeinsam ausgesucht, beschriftet und zur Aufbewahrung beiseite gelegt.

Die Kinder haben gesehen, dass Sie situationsbezogene Beobachtungen anstellen und Ereignisse in der Klasse fotografieren. Die Kinder wissen, dass Sie diese Dinge aufheben und häufig darauf zurückgreifen. Sie haben an Lerntagebuchgesprächen und Interviews teilgenommen, so dass sie mit der Situation in Einzelgesprächen vertraut sind.

Nun ist es an der Zeit, **die Kinder** und schließlich **ihre Eltern** an der **Betrachtung des ganzen Portfolios** und der **Beurteilung ihrer Fortschritte** über einen längeren Zeitraum zu **beteiligen**.

Egal wie geübt Sie im Einsatz von Portfolios werden: Dies ist ein Schritt, den Sie Jahr für Jahr wiederholen, wenn Sie einer neuen Gruppe von Kindern und Eltern die Portfolio-Methode erläutern.

Wir haben daraus einen separaten Schritt gemacht, und zwar den vorletzten, um die Tatsache zu betonen, dass Kinder nicht in der Lage sind, plötzlich die Fertigkeiten und Denkweisen zu entwickeln, die sie brauchen, um ihr eigenes Lernen ernsthaft zu überdenken. Ebensowenig, wie Sie in der Lage sind, von einem Tag auf den anderen die Art und Weise zu ändern, wie Sie Kinder bewerten und beurteilen.

Dieser Schritt sollte **nicht hastig** vollzogen werden. (Wir haben sehr frustrierte Kinder gesehen, die unter großartigem Getöse zu einem „Portfolio-Nachmittag" – mit Keksen und allem Drum und Dran – gebracht wurden, bei der sie ihre Portfolios mit ihren Eltern zusammen ansehen und besprechen sollten. Bei den dort verwendeten Portfolios handelte es sich um Zusammenstellungen von identischen Auftragsarbeiten, die nichts von den tatsächlichen Interessen der einzelnen Kinder widerspiegelten. Viele Eltern erschienen gar nicht, weil ihnen die Idee von Portfolios fremd war. Aber das größte Problem war, dass die Kinder nicht wussten, was von ihnen erwartet wurde.)

Wenn die Kinder einmal damit vertraut sind, ihre eigenen Arbeiten genau zu betrachten und darüber zu sprechen, können Sie sie vor die Herausforderung stellen, sich Gedanken über **Verbesserungsmöglichkeiten** zu machen. **Aber:** Selbsteinschätzung braucht klare Kriterien oder Normen!
Die Kriterien mögen von außen festgelegt werden (wie die Lernziele in Mathematik), doch sind wir der Überzeugung, dass aus Kindern lebenslange Lerner werden, wenn sie in der Lage sind, ihre **eigenen Kriterien** zu formulieren.
So kann ein Kind etwa feststellen, dass es im Laufe der zurückliegenden Monate fast ausschließlich über Fußball geschrieben hat. Vielleicht beschließt es, all seine Fußballkenntnisse als Grundlage eines umfassenden Artikels über die Sportart zu nutzen, oder es überlegt sich, dass es an der Zeit ist, seine Fähigkeiten als „Sportautor" auf Basketball anzuwenden. Dies sind unterschiedliche, aber gleichrangige Schreibziele. Wenn das Kind sein neues Ziel aufschreibt oder diktiert, mit dem Datum versieht und zu seinem Lerntagebuch hinzufügt, hat es ein **klares Kriterium**, an dem es seine **zukünftige Arbeit** messen kann. Bei der nächsten Portfolio-Konferenz stellt sich dann die einfache Frage: „Hast du dein Schreibziel schon erfüllt?"

Der neunte Schritt lässt sich nur in Klassen/Gruppen durchführen, in denen es die Kinder schon gewohnt sind, wichtige **Verantwortlichkeiten** zu übernehmen. Wenn Sie den Kindern im Kindergarten oder zu Beginn der Grundschulzeit noch nicht die Verantwortung übertragen möchten, Ideen auszutauschen und Materialien einzusammeln oder zurückzulegen, sollten Sie zunächst überlegen, wie Sie Ihre Lern- und Unterrichtsmethoden so verändern können, dass sie selbstständiges Lernen ermöglichen.

2-Parteien-Portfolio-Gespräche

Ernsthaftes **Reflektieren** ist keine Sache von Minuten. Es ist tatsächlich so, dass die Kinder mehr – und nicht weniger – Zeit für Portfolio-Gespräche brauchen, je tiefgehender und geübter ihre Einschätzungen der eigenen Arbeiten werden.
Wir empfehlen Ihnen, mit jedem Kind auf mehrere 2-Parteien-Portfolio-Gespräche im Jahr hinzuarbeiten und sie schließlich einmal im Monat durchzuführen. Vielleicht ändern Sie Ihren Zeitplan so ab, dass Sie pro Tag ein einziges Portfolio-Gespräch einschieben. Diese formellen Gespräche sind zwar nicht die einzigen Gelegenheiten, bei denen Sie Zeit mit einem einzelnen Kind verbringen, doch die Planung der Gespräche stellt sicher, dass Sie mit jedem Kind in regelmäßigen Abständen zusammentreffen.
Sie können diese Portfolio-Gespräche in den Zeiten durchführen, die im Stunden- oder Tagesplan schon für Lerntagebuchgespräche festgelegt sind.
Es ist zudem nicht nötig, den Kindern ausdrücklich mitzuteilen, dass Sie eine neue Methode der Leistungsbewertung anwenden. Eine beiläufige Aussage wie „Holen wir heute mal dein ganzes Portfolio hervor und sehen es uns an" ist angemessener. Verfahren Sie genau wie bei Lerntagebuchgesprächen und Interviews, lenken Sie aber die Aufmerksamkeit des Kindes auf seine gesammelten Arbeiten. (Nach wie vor sollten Sie ein oder zweimal in der Woche Lerntagebuchgespräche mit den Kindern durchführen.)

Sie können das **Portfolio-Gespräch** damit **beginnen**, dass Sie neue und alte Arbeiten mit dem Kind zusammen ansehen.

Stellen Sie dabei gezielte Fragen:
▷ Welche Arten von Arbeiten sind in deinem Portfolio?
▷ Welche Arbeiten findest du am besten?

▷ Bei welchen Arbeiten wünschst du dir, dass du sie anders gemacht hättest?
▷ Welche Arbeiten zeigen deine Fortschritte als Schreiber? Als Mathematiker? Als Wissenschaftler? Als Künstler? Als Forscher?

Vielleicht stellen Sie fest, dass die kürzlich entstandenen Geschichten viel länger sind als die, die das Kind im November geschrieben hat. Fragen Sie: „Wie schaffst du es jetzt, deine Geschichten länger zu machen?"

Wenn Sie sich Fotos von Gebilden aus Bauklötzen ansehen, können Sie fragen: „Worin unterscheiden sie sich?" Auf diese Weise loten Sie aus, inwieweit das Kind seine **eigenen Fortschritte** erkennt.

Wenn Sie herausfinden wollen, ob es bestimmte mathematische Fertigkeiten beherrscht, fragen Sie zum Beispiel: „Erinnerst du dich, was wir über die Addition gelernt haben, als wir mit Steckwürfeln gearbeitet haben?"

Geben Sie dem Kind **Zeit**, über seine Antwort nachzudenken und halten Sie seine **Reaktion** fest. Erklären Sie ihm, dass Sie sich für seine Antworten interessieren und verhindern wollen, dass Sie sie vergessen.

Schreiben Sie die **Kommentare** des Kindes auf, lassen Sie es diktieren oder bitten Sie es, seine eigenen Überlegungen zu seinem Portfolio in sein Lerntagebuch zu notieren.

Themenlisten

Solche Listen können für die Kinder nützlich sein, die sich mit der **Planung neuer Schreibprojekte** schwer tun.

Fragen Sie die Kinder bei Portfolio-Gesprächen nach Themen für künftige Projekte. Helfen Sie ihnen, ihre Ideen in einer Themenliste festzuhalten, die im Portfolio abgelegt wird.

Wenn ein junger Autor eine vorübergehende Schreibblockade hat, können Sie ihm mit einem Hinweis auf seine Themenliste helfen.

Einem Kind, das zum Beispiel oft über neue Kleidung schreibt, schlagen Sie vor, über Sachen zu schreiben, die es als Baby getragen hat. Oder es kann über Bekleidung schreiben, die Kinder getragen haben, als seine Großeltern noch klein waren.
Auch könnte es über die Unterschiede zwischen Sachen für verschiedene Jahreszeiten schreiben.

Tagebücher

Solche persönlichen Aufzeichnungen sind ebenfalls eine reichhaltige Quelle für **Schreibthemen**. Ein Schreiber auf der Suche nach neuen Ideen wird bei Tagebucheinträgen aus der Vergangenheit möglicherweise fündig. Mit Hilfe einiger Erweiterungsvorschläge durch den Lehrer kann ein dreizeiliger Eintrag über eine Wochenendreise zur Grundlage für eine Skulptur aus Ton oder für eine Geschichte werden, die sich über eine ganze Seite erstreckt.

Als Nächstes helfen Sie dem Kind, sich **Ziele für seine Arbeit** zu setzen. Bei künftigen Portfolio-Gesprächen kann es darüber nachdenken, ob es die Ziele erreicht hat oder – falls nicht – seine Arbeit entsprechend umgestalten.

Am Ende eines jeden Portfolio-Gesprächs arbeiten Sie gemeinsam mit dem Kind eine **Zusammenfassung seiner Fortschritte**, **Ziele** und **Absichten** in Form eines Lerntagebucheintrags aus. Kindergartenkinder oder Schreibanfänger können die Zusammenfassung diktieren. Erfahrenere Schreiber können sie selbst formulieren und fertigen damit zugleich authentische Aufzeichnungen über ihre Überlegungen zu ihrer Arbeit an.

Nach dem Gespräch haben Sie vielleicht selbst das Bedürfnis, Ihre Eindrücke und Befürchtungen schriftlich festzuhalten. **Klarheit** und **Objektivität** sind dabei besonders wichtig! Jedes Dokument, das Sie anfertigen, kann später ein schlechtes Licht auf das Kind werfen.

Versehen Sie Ihre schriftlichen Aufzeichnungen mit dem **Datum** und greifen Sie darauf zurück, wenn Sie kleine Lernprojekte für dieses und andere Kinder entwerfen.

Seien Sie geduldig!

Mit Ihrer Hilfe und Ermutigung werden die Kinder nach und nach mehr Verantwortung für ihre Rolle bei diesen Diskussionen übernehmen. Das Portfolio-Gespräch bringt manche Kinder vielleicht auf die Idee, ein früheres Projekt noch einmal aufzugreifen, neue Details zu einer Bastelarbeit hinzuzufügen oder eine Zusammenfassung zu einem Buch zu überarbeiten. Ein Portfolio-Gespräch gibt Ihnen die Möglichkeit, mehr über das zu erfahren, was das Kind selbst über seine Arbeit und seine Fortschritte denkt. Gleichzeitig haben Sie Gelegenheit, ihm vorzumachen, wie es seine eigene Arbeit beurteilen kann.

Viele Lehrer geben ihren Kindern gern die Aufgabe, Portfolios mit **Selbstportraits** oder **einführenden Aufsätzen** über sich selbst zu gestalten. Dadurch entwickeln die Kinder vielleicht einen größeren „Besitzerstolz" im Bezug auf ihre Portfolios, doch diese Aufgaben sind „lehrergeführte" Aktivitäten für die ganze Klasse, die das Lernen der Kinder kaum fördern. Wenn jedoch ein **einzelnes Kind** ein Selbstportrait malt, ist dies ein wertvoller Beitrag und sollte als Farbkopie dem Portfolio hinzugefügt werden.
Was wir hier hervorheben möchten, ist die Tatsache, dass es dem Sinn und Zweck der Leistungsbewertung mit Portfolios zuwiderläuft, wenn die Kinder Zeit damit verbringen, Portfolios zu bemalen oder sie mit gleichartigen Schreibaufgaben auszustatten.

> *Bei der Entwicklungs- und Leistungsbewertung mit Portfolios geht es darum, Kinder in die Lage zu versetzen, selbst über ihre Fortschritte zu reflektieren und selbst Lernziele für sich zu formulieren.*

Einschätzung durch Mitschüler

Einige Grundschullehrer erwarten von ihren Kindern, dass sie die Arbeiten ihrer Klassenkameraden beurteilen und sogar ihre Portfolios kommentieren. Bei manchen solcher Übungen unterhalten sich die Kinder ungezwungen oder sie arbeiten zu zweit. In anderen Fällen halten die Kinder ihre Reaktionen auf die Arbeiten der anderen schriftlich fest. Dies ist eine moderne Version des klassischen „Hefte tauschen!" – Befehls, der nach Tests erteilt wurde und dem Lehrer die Arbeit abnahm, jeden einzelnen Test zu benoten. Gleichzeitig wurde auf diese Weise in der ganzen Klasse bekannt, wer eine Eins und wer eine Sechs hatte.

Wir denken zwar, dass junge Kinder eine Menge voneinander lernen können und dass ein entwicklungsgemäß ausgerichteter Unterricht den Kindern immer wieder Gelegenheit gibt, sich zu unterhalten und sich gegenseitig etwas zu zeigen, doch wir fürchten, dass solche Einschätzungen durch Mitschüler zu **Routinemaßnahmen mit geringem Wert** werden können. **Vertraulichkeit** ist ein weiterer wichtiger Punkt. Lerner jeden Alters müssen sich sicher sein können, dass das, woran sie gerade arbeiten, respektiert wird und dass sie allein über den Zeitpunkt entscheiden, wann sie eine Arbeit zeigen möchten. Daher raten wir von einer institutionalisierten Beurteilung der Lern-Portfolios durch Klassenkameraden ab.
Auf Seite 79/80 finden Sie eine Schilderung, wie andere Kinder in die Auswahl von Arbeitsproben einbezogen werden können.

Übergang von 2- zu 3-Parteien-Portfolio-Gesprächen

Wenn die Kinder sich daran gewöhnt haben, die Arbeiten in ihrem Portfolio mit Ihnen zu besprechen und Kommentare dazu in ihre Lerntagebücher zu schreiben oder zu diktieren, können Sie sie an den Gedanken heranführen, dass ein anderer etwas über sie erfahren kann, wenn er ihr Portfolio ansieht. Ihr Zeitplan im ersten Jahr mit Portfolio-Gesprächen könnte so aussehen, dass Sie sie im Winter mit den Kindern beginnen und im Frühjahr die Eltern beteiligen. In nachfolgenden Jahren sind Sie vielleicht in der Lage, die Schritte des Portfolio-Programms vom Beginn eines jeden Jahres an durchzuführen.

Wenn Sie soweit sind, dass Sie Eltern zu 3-Parteien-Portfolio-Gesprächen in die Einrichtung oder Schule einladen, empfehlen wir, die Gespräche vor Ihre

Termine für die Entwicklungsberichte zu legen. Auf diese Weise können Sie **neue Informationen** von den Eltern und/oder Kindern oder **neue Pläne**, die Sie mit Eltern und Kindern gemacht haben, in die Berichte aufnehmen.

Wenn Eltern nicht oder nur schlecht Deutsch sprechen, sorgen Sie dafür, dass ein Dolmetscher anwesend ist. Selbst wenn Sie einen Dolmetscher haben, halten wir es für empfehlenswert, dass Sie ein paar **wesentliche Sätze** und **Ausdrücke** in der Sprache der Eltern lernen und üben. So demonstrieren Sie Ihren guten Glauben und ernsthaften Wunsch, mit ihnen zu kommunizieren. Einer dieser Sätze könnte Ihre Dankbarkeit darüber zum Ausdruck bringen, dass die Eltern an dem Gespräch teilnehmen. Ein weiterer könnte wichtige Aspekte in den Fortschritten des Kindes hervorheben. Mit einem dritten Satz könnten Sie die Eltern um Vorschläge zu einem bestimmten Punkt bitten.

Wenn Sie mit dem 10-Schritte-Programm gearbeitet haben, werden die Eltern wahrscheinlich schon wissen, dass Sie Entwicklungsberichte schreiben.
Sie könnten sie also mit den folgenden Worten zu den Portfolio-Gesprächen einladen:

> *Liebe Frau _____*
>
> *Ich möchte mit Ihnen darüber sprechen, wie ich die Arbeiten Ihres Kindes als Vorbereitung für den (vierteljährlichen) Entwicklungsbericht durchgehe. Ich möchte auch Ihre Beobachtungen und Überlegungen in den Bericht aufnehmen.*

Die meisten Eltern werden viel Zeit damit zubringen wollen, die Portfolios ihrer Kinder durchzusehen. Wir schlagen vor, dass Sie für **jedes Gespräch eine halbe Stunde** einplanen. Wenn Sie pro Tag ein Gespräch durchführen, sollten Sie im Laufe eines Monats mit den Eltern und Erziehungsberechtigten aller Kinder gesprochen haben. Vielleicht können Sie sie so legen, dass sie in Ihre Vorbereitungszeit fallen oder kurz vor oder nach der Abholzeit stattfinden.

Andere Eltern sind vielleicht nicht in der Lage oder nicht gewillt, an Portfolio-Gesprächen teilzunehmen. Für sie bieten die **unterschiedlichen Methoden zur Einbindung von Familien** des 10-Schritte-Programms Alternativen. Kinder könnten sich z.B. schämen, wenn ihre Eltern nicht mitmachen. Daher sollten Sie vermeiden, die Tatsache hervorzuheben, dass die Eltern sich nicht beteiligen. Wenn Sie sich sicher sind, dass die Familie das Material wieder zurückgibt, könnten Sie dem Kind das Lern-Portfolio mitgeben, so dass die Eltern es zu Hause ansehen. Eine andere Möglichkeit wäre ein Hausbesuch.

Selbstverständlich sollten Sie die Lern-Portfolios für Eltern zur Verfügung halten, die einen Tag im Kindergarten verbringen oder den Unterricht besuchen möchten.

● So können Sie beginnen

1. Legen Sie den **Termin** für jedes 3-Parteien-Portfolio-Gespräch gemeinsam mit den Eltern fest.
2. Weisen Sie jedes Kind auf das bevorstehende **Gespräch** hin. Sie könnten ihm beispielsweise sagen: „Bald können wir deinen Eltern alle Arbeiten zeigen, die du in der letzten Zeit gemacht hast."
3. Geben Sie dem Kind Gelegenheit, **Kommentare** oder **Erläuterungen** zu seinem Portfolio hinzuzufügen. Dies könnte durch eine kurze Audioaufnahme oder durch Notizen zu Anmerkungen, die es während des Gesprächs machen will, geschehen.
4. **Leiten** Sie das **Gespräch**. Machen Sie sich dabei Notizen, wie bei einem Interview mit dem Kind.

Lassen Sie die Eltern und das Kind einzelne Arbeiten oder das gesamte Portfolio **kommentieren**. Sie können diese mündlichen Kommentare in Ihren Gesprächsnotizen festhalten, einen Vordruck für schriftliche Anmerkungen bereithalten oder die Kommentare der Eltern auf der Audiokassette des Kindes aufnehmen. (Wenn Sie eine Bandaufnahme machen, denken Sie daran, die **Namen der Eltern** vollständig anzugeben und eine **Erläuterung zur Situation** hinzuzufügen, etwa: „3-Parteien-Portfolio-Gespräch".)

5. Ergänzen Sie **Pläne** oder **Ergebnisse** des 3-Parteien-Portfolio-Gesprächs im Entwicklungsbericht.

Weitergehende Schritte

Der Hintergedanke bei 3-Parteien-Portfolio-Gesprächen ist nicht nur, dass die Eltern die Arbeiten ihrer Kinder zu sehen bekommen. Vielmehr sollen die Eltern ihre **Überlegungen zum Lernen** ihrer Kinder formulieren. Wenn sich die 3-Parteien-Portfolio-Gespräche als Routine eingespielt haben, gehen Sie einen Schritt weiter und bereiten Sie **Fragen** für unterschiedliche Eltern vor, die sich auf ihre Kinder und Familien beziehen.

Nutzen Sie das Gespräch auch, um Eltern in **Unterrichtsaktivitäten**, spezielle Projekte oder Ausflüge **einzubinden**. Verwenden Sie den Briefvordruck auf Seite 128, um ein tiefer gehendes Gespräch mit ihnen vorzubereiten.

Familien einbinden!

▶ *Es empfiehlt sich, Portfolio-Gespräche im **Terminkalender der Einrichtung** oder Schule zu vermerken, damit Sie den Eltern die Gespräche mit großem zeitlichen Vorlauf **ankündigen** können.*

▶ *Arbeiten Sie einen **allgemeinen Zeitplan** aus und legen Sie zum Beispiel die Gespräche mit Kindern, deren Familiennamen mit den Buchstaben A bis F beginnen, in die erste Woche des Monats. Natürlich werden Sie einige Gesprächstermine verlegen müssen, um den Zeitplänen der Eltern entgegenzukommen.*

▶ *Einigen Eltern wird es helfen, wenn Sie für Transportmöglichkeiten sorgen oder Termine für den Samstag vereinbaren.*

▶ *Es ist wichtig sicherzustellen, dass **alle Familien** in der Lage sind, an einem Portfolio-Gespräch teilzunehmen.*

▶ *Wenn Sie so weit sind, dass Sie 3-Parteien-Portfolio-Gesprächen durchführen wollen, geben Sie den Eltern die Möglichkeit, die Leistungsbewertung mit Portfolios konkret zu erfahren. Bitten Sie sie, **Briefe** über ihre Kinder zu schreiben, die dann zum Portfolio hinzugefügt werden. Um die Aktivität zu erleichtern, bieten Sie ihnen Schreibanregungen an (s. Beispiel links unten).*

▶ *Machen Sie deutlich, dass dieser Brief **keine Pflicht** für die Eltern darstellt. Geben Sie den Eltern bei jedem Portfolio-Gespräch eine weitere Möglichkeit, Kommentare zu diktieren, die dann ins Portfolio gelegt werden.*

Erzählen Sie mir etwas über das Lieblingsspiel Ihres Kindes.

Erzählen Sie mir, wann Ihr Kind sich im Laufe des Tages oder der Woche besonders gern mit Ihnen unterhält.

Erzählen Sie mir von Aufgaben, die Ihr Kind zu Hause übernimmt.

Schreibanregungen für Eltern

Zehnter Schritt: Präsentations-Portfolios zusammenstellen

Vorbereitung

Wie wir im vierten Kapitel erläutert haben, gibt es neben dem privaten Portfolio und dem Lern-Portfolio einen dritten Typus, das langfristig angelegte **Präsentations-Portfolio**, das das junge Kind von seinen Kindergartenjahren durch die Grundschule und darüber hinaus begleitet. (Die Kinder und Eltern behalten die meisten Arbeiten aus dem Lern-Portfolio.) Das Präsentations-Portfolio ist eine **ausgewählte Sammlung** von Arbeitsproben, Entwicklungsberichten und anderen wichtigen Dokumenten, die jeder neue Lehrer/Erzieher als Grundlage für anfängliche Entscheidungen im Bezug auf das einzelne Kind nutzen kann.

Die Zusammenstellung von Präsentations-Portfolios ist ein wichtiger Schritt im 10-Schritte-Programm. Hiermit können Sie die Eltern einbeziehen, bleibende und überdauernde Aufzeichnungen über das Lernen ihrer Kinder zusammenzustellen.

Wenn die **Portfolio-Strategie** in Ihrer Einrichtung die **Übergabe** und **Verwendung von Präsentations-Portfolios** nicht thematisiert, ist jetzt die Zeit gekommen, diesen Punkt zu ergänzen:
Legen Sie **Kriterien** für die Aufbewahrung von Dokumenten fest. Eine Arbeit sollte vielleicht die Schreibfähigkeiten des Kindes belegen, eine weitere seine mathematischen Kenntnisse. Entscheiden Sie, wie viele Arbeitsproben höchstens pro Jahr zum Präsentations-Portfolio hinzugefügt werden sollen, und verfügen Sie, dass die Auswahl dieser Arbeiten beim letzten 3-Parteien-Portfolio-Gespräch im Jahr getroffen wird. Formulieren Sie deutlich, wie künftige Lehrer das Präsentations-Portfolio nutzen sollen: als Anknüpfungspunkte bei den ersten Kontakten mit Kindern und Familien, zur Planung von Projekten für einzelne Kinder oder Kleingruppen und so weiter.

Überlegen Sie **Verfahren zur Aufbewahrung** der Präsentations-Portfolios, zur **Übergabe** an den nächsten Lehrer und **Rückgabe** an das Portfolio-Archiv. Wir empfehlen als Archiv eine Reihe von Aktenschränken. Lehrer/Erzieher können mit Hilfe eines Systems von Ausleihvermerken nachvollziehen, wo sich ein Präsentations-Portfolio befindet, wenn es gerade benutzt wird.

Es ist sehr wichtig, dass das **Kind** und seine **Familie** sich an der **Auswahl** der Dokumente für das Präsentations-Portfolio **beteiligen**. Eine Unterhaltung über kürzlich entstandene Arbeiten im Rahmen eines Portfoliogesprächs bringt die Kinder ganz selbstverständlich dazu, Dokumente für das Präsentations-Portfolio auszusuchen. Allerdings sind junge Kinder anfangs wahrscheinlich nicht in der Lage, selbst ihre „besten" oder „typischen" Arbeiten für ihre Portfolios auszuwählen. Eine Möglichkeit, die Auswahl von Arbeiten einzuführen, ist die Demonstration: wenn Sie selbst ein Portfolio Ihrer Arbeiten angelegt haben, zeigen Sie es den Kindern und erklären Sie ihnen, dass Sie ein bestimmtes Dokument hinzufügen, weil es eine bestimmte Bedeutung hat.

Ihre Hilfe bei der Auswahl von Arbeit kann die praktische Unterstützung sein, die die Kinder brauchen, um diese Entscheidung schließlich selbst zu treffen. Eine **Methode** ist es, die Kinder drei Arbeiten auf einmal auswählen zu lassen, ohne bestimmte Kriterien. Sagen Sie ihnen, dass Sie mit der Wahl eines der Arbeiten mit ihnen übereinstimmen müssen. Im Laufe von Gesprächen, bei denen Sie über ihre Auswahl sprechen, können Sie sie dazu bringen, ihre Gedanken zu den Arbeiten zu formulieren und gleichzeitig die Anwendung verschiedener Kriterien vormachen – eine Zeichnung wählen, ein Geschichte mit einem Dialog wählen, ein Mathematikprojekt wählen, das die Kinder mit einem Freund zusammen durchgeführt haben. (Daher zählen Arbeitsblätter nicht zu den wertvollen Bestandteilen eines Portfolios, weil sie keine authentischen Arbeiten widerspiegeln. Bringen Sie die Kinder behutsam davon ab, Arbeitsblätter zu wählen. Nutzen Sie diese Gelegenheit, den Einsatz von Arbeitsblättern in Ihrer Schule oder Einrichtung eingehender zu betrachten.)

Gemäß Ihrer Strategie zur Auswahl der Dokumente für das Präsentations-Portfolio, können Sie **zusätzliche Dokumente** auswählen und hinzufügen. Wir empfehlen z.B. eine Kopie von jedem Entwicklungsbericht zu ergänzen.

So können Sie beginnen

1. Legen Sie einen **Termin** für das letzte Portfolio-Gespräch des Jahres fest. Schicken Sie den Eltern einen **Brief**, in dem Sie ihnen mitteilen, dass Sie bei der Auswahl von Dokumenten für das Präsentations-Portfolio ihre Hilfe brauchen.
2. Vor dem abschließenden 3-Parteien-Portfolio-Gespräch bitten Sie die Kinder zu überlegen, welche Arbeiten künftige Lehrer/Erzieher sehen dürfen. Geben Sie ihnen reichlich Zeit, ihre Lern-Portfolios durchzusehen und ihre Wahl zu treffen.
Die Kinder können ihre **„besten" Arbeiten** wählen oder ihre **Lieblingsstücke** aus den Bereichen Kunst, Deutsch, Mathematik oder anderen Fächern. Machen Sie Fotos oder Fotokopien von diesen Arbeiten, so dass das Kind die Originale behalten kann. Schlagen Sie ihm vor, dass es einen **Kommentar** über die Bedeutung eines oder mehrere der Stücke für den nächsten Lehrer/Erzieher schreibt oder diktiert.
3. Vor jedem 3-Parteien-Portfolio-Gespräch treffen Sie Ihre eigene vorsichtige Auswahl für das Präsentations-Portfolio des Kindes. Befestigen Sie **einfache Anmerkungen** an den Stücken, die Ihnen helfen sollen, wenn Sie den Eltern Ihre Überlegungen erläutern.
4. Während des 3-Parteien-Portfolio-Gespräches breiten Sie den Inhalt des Portfolios des Kindes aus. Zeigen Sie den Eltern, **was Sie** ausgewählt haben und **was das Kind** ausgewählt hat. Fragen Sie das Kind, was es denkt. (Wenn ein Elternteil den dringenden Wunsch äußert, dass eine bestimmte Arbeit zum Präsentations-Portfolio hinzugefügt wird, sollten Sie diesem Wunsch nachkommen, selbst wenn die Arbeit nicht den Auswahlkriterien entspricht. Befestigen Sie eine **Notiz** daran, in der Sie die Gedanken des Vaters oder der Mutter zu dem Stück erläutern, oder bitten Sie ihn oder sie, es selbst zu tun. Deuten Sie den Eltern gegenüber nicht an, dass Sie die Auswahl nur billigen, um ihnen einen Gefallen zu tun. Die Einbindung der Eltern in die kontinuierliche Entwicklungs- und Leistungsbewertung ihrer Kinder ist Teil des Wertes und des Zwecks von Porfolios.)
5. Treffen Sie die **endgültige Wahl** und wägen Sie dabei die Interessen des Kindes, der Eltern und Ihre beruflichen Belange gegeneinander ab. Machen Sie Fotokopien und legen Sie Fotos von großen oder zerbrechlichen Stücken wie Gebilden aus Bauklötzen etc. hinzu. Geben Sie das Original nach Möglichkeit dem Kind mit nach Hause, zusammen mit dem Inhalt des Lern-Portfolios.
6. Achten Sie darauf, dass jede Arbeit **klar** beschriftet ist und den vollständigen Namen des Kindes, dem **Datum**, an dem sie angefertigt wurde und einem kurzen **Kommentar** zu ihrer Bedeutung.
7. Legen Sie das vollständige Präsentations-Portfolio im Portfolio-Archiv Ihrer Einrichtung ab.

Weitergehende Schritte

Helfen Sie dem nachfolgenden Lehrer, indem Sie jeder Kopie des letzten Entwicklungsberichts ein paar **„besondere Informationen"** hinzufügen. Sie könnten schreiben, dass ein bestimmtes Kind sehr gern mit Legosteinen in der Bauecke gespielt hat oder dass sich ein anderes Kind vorgenommen hat, im Sommer alle Bücher von Paul Maar zu lesen. Regen Sie den nächsten Lehrer an, auf diese „besonderen Informationen" Bezug zu nehmen, wenn er z.B. seinen künftigen Kindern vor Schuljahresbeginn eine Postkarte schreibt.

Wenn Sie und Ihre Einrichtung eine Strategie und eine Verfahrensweise zur Aufbewahrung der Präsentations-Portfolios von einem Jahr zum nächsten festgelegt haben, besteht der nächste Schritt darin, den Kindern, die die Schule oder Einrichtung wechseln, ihre Portfolios mitzugeben.

Kapitel 6

Schluss-
folgerungen

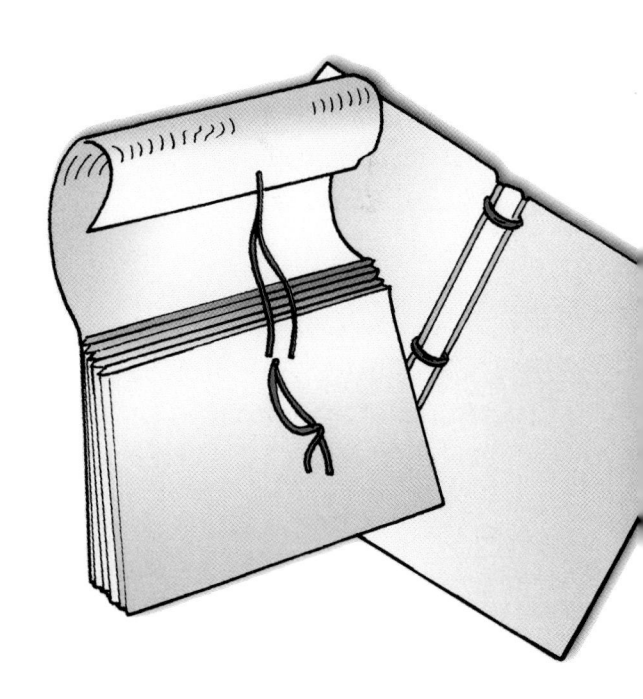

Schlussgedanken

Das 10-Schritte-Programm zur Arbeit mit Portfolios, das wir in diesem Buch beschreiben, unterstützt kontinuierliche **Reflexion** und **Kommunikation** in einer Lernergemeinschaft, zu der sowohl junge Kinder als auch alle Erwachsenen im Leben der Kinder gehören! Es kann Sie zu einer **Individualisierung** von Lernzielen und Unterricht, zu ständiger **beruflicher Weiterentwicklung** und verstärkter **Einbindung der Familien** führen.

Je umfassender Sie diese Portfolio-Methoden anwenden, desto mehr werden Sie über die kindliche Entwicklung, Lernziele, Normen und effektive Lern- und Unterrichtsmethoden herausfinden. Für viele Lehrer/Erzieher wird die Arbeit mit Portfolios zu einer breiteren, tiefgreifenderen Erkundung des Lernens und Lehrens.

Nachdem wir über das Programm zur Arbeit mit Portfolios nachgedacht und hitzige Diskussionen über falsch verstandene Methoden in der Frühpädagogik erlebt haben, sind wir zu der Überzeugung gelangt, dass die **Eltern** die Leute sind, deren Einbeziehung in das 10-Schritte-Programm am wichtigsten ist. Eben weil Eltern (und Großeltern und andere Familienmitglieder und Erziehungsberechtigte) so großen Anteil an den Fortschritten ihrer Kinder nehmen können, lösen Veränderungen wie das 10-Schritte-Programm möglicherweise Verwirrung oder gar Besorgnis aus. Daher kann die Arbeit mit Portfolios nur dann erfolgreich sein, wenn sie von einer einfühlsamen und besonnenen Einbindung der Familien begleitet wird.

Vor allem im Elementar- und Primarbereich kann es ein **Fehler** sein anzunehmen, dass Eltern oder die Öffentlichkeit die Portfolio-Methode neben dem traditionellen System der Leistungsbewertung mit Zeugnissen akzeptieren, ohne Erklärungen zu verlangen und mitdiskutieren zu wollen.

Für jeden Schritt des Portfolio-Programms empfehlen wir **spezielle Methoden zur Einbindung der Familien**, angefangen von der Ausarbeitung einer Portfolio-Strategie, bei der Eltern sich an Projekt- oder Arbeitsgruppen zur Diskussion und Formulierung einer Portfolio-Strategie beteiligen können. Diese Eltern können im weiteren Umsetzungsprozess die Rolle von **Botschaftern** übernehmen.

Dabei bildet jeder Botschafter gemeinsam mit mindestens einem gut informierten Lehrer/Erzieher eine kleine **Gruppe** von Eltern und anderen Bürgern, die mehr über die Leistungsbewertung mit Portfolios im Rahmen der übergeordneten Ziele der Einrichtung erfährt. Solche Gruppen, die in ständigen Diskussionen begriffen sind, können Probleme bei der Umsetzung vorwegnehmen, die guten Nachrichten über schulische Erfolge verbreiten und sogar die Bildung neuer kleiner Gruppen anregen.

Sie können kleine Gruppen nach Klassenzugehörigkeit oder Wohngegenden bilden oder sie beliebig zusammenstellen. Möglicherweise ist es sinnvoll, vor jeder Einführung eines neuen Portfolio-Schrittes eine Reihe von Zusammenkünften in kleinen Gruppen zu organisieren.

Die **Nachrichtenmedien** vor Ort sind ein weiteres Mittel, um Eltern und andere Bürger in das 10-Schritte-Programm zur Arbeit mit Portfolios einzubeziehen. Gestalten Sie eine Reihe von Pressemitteilungen über die Leistungen von Kindern und geben Sie ihr einen positiven, freundlichen Titel wie „So lernen wir!" Arbeitsproben, Fotos und sogar systematische Beobachtungen geben gute und wirkungsvolle Illustrationen für Ankündigungen ab, beispielsweise von besonderen Unterrichtsprojekten.

Lenken Sie den Blick darauf, was und wie die Kinder lernen – nicht auf die Veränderungen im System der Leistungsbewertung. (Denken Sie auch daran, sich zu informieren, wie es Ihre Schule oder Einrichtung mit der Verwendung von Arbeiten der Kinder hält. Holen Sie gegebenenfalls die nötige Erlaubnis ein.)

Das 3-Parteien-Portfolio-Gespräch (9. Schritt – Seiten 107 ff) eröffnet ebenfalls wertvolle Möglichkeiten zu einem Austausch mit Eltern.

Selbst bei ausführlichen Informationen im Vorfeld werden viele Eltern ein klassisches Elterngespräch erwarten mit einem raschen Überblick über die Erfolge und Misserfolge des Kindes und ein paar Hinweisen darauf, wo es im Vergleich zu anderen in der Klasse oder Einrichtung steht.

Es braucht Zeit, die Eltern dahin zu bringen, dass sie **die Fortschritte ihrer Kinder anders wahrnehmen**. Da es ganz wichtig ist, dass Sie anerkannte, klare Maßstäbe zur Beurteilung der Arbeiten der Kinder anlegen, bevor Sie Ihre Schlussfolgerungen mit den Eltern besprechen, möchten wir Ihnen dringend ans Herz legen, bei der Einführung und Umsetzung neuer Methoden der Leistungsbewertung **behutsam** vorzugehen. So könnten Sie bei Grundschulkindern gleichzeitig zu den Lernzielkontrollen nach und nach verschiedene Portfolio-Methoden anwenden, um die Leistungen in ausgewählten Lernbereichen individueller zu bewerten.

Wenn Sie mit Eltern zusammentreffen, achten Sie darauf, dass Sie mit ihnen sowohl die **Ergebnisse traditioneller Lernzielkontrollen** durchsprechen als auch die Erkenntnisse, die Sie mit Portfolio-Methoden gewonnen haben.

Eine sorgfältige Beschriftung aller Portfolio-Arbeiten ist sehr wichtig; sie hilft Ihnen, die Fortschritte der Kinder während eines Portfolio-Gesprächs leicht nachzuvollziehen.

Die Tatsache, dass Kinder an den Gesprächen teilnehmen, mag manchen Eltern ebenfalls merkwürdig vorkommen. Möglicherweise sind sie es nicht gewohnt, ihre **Kinder als Denker, Planer und Macher** zu erleben. Im Laufe des Gesprächs können Sie unauffällig vormachen, wie man mit den Kindern über ihre Arbeit sprechen kann.

Während sich Ihr Augenmerk immer stärker darauf richtet, vergangene und gegenwärtige Leistungen eines Kindes miteinander zu vergleichen und es in die Planung einiger seiner Lernerfahrungen einzubeziehen, ist es einigen Eltern immer noch wichtig zu wissen, wo ihr Kind steht. Aus diesem Grunde sollten Grundschulen Portfolios dazu nutzen, um die Noten der Kinder nachvollziehbar zu machen. Nutzen Sie das Portfolio-Gespräch, um das Verständnis der Eltern für die **besonderen Stärken und Bedürfnisse ihrer Kinder** zu wecken. Entwicklungsberichte zusätzlich zu den klassischen Zeugnissen zu schreiben mag Ihnen wie eine nutzlose Verdopplung der Arbeit vorkommen, doch ist eine solche Kombination von verschiedenen Methoden der Leistungsdarstellung wahrscheinlich der beste Weg, um das Kind umfassend zu bewerten und seine **Entwicklungs- und Lernfortschritte** deutlich zu machen.

Bei den Vorbereitungen und der Arbeit an diesem Buch haben wir mit vielen Lehrern und Erziehern gesprochen. Einige hatten keine Erfahrung mit Portfolios, andere waren inzwischen zu Experten geworden. Unsere Diskussionen zeigten, dass die zehn Schritte, die wir hier beschreiben, zwar einen Leitfaden durch die Methodik der Entwicklungs- und Leistungsbewertung mit Portfolios bieten, dass Lehrer, Eltern und Kinder aber erst dann verstehen, wie wichtig Portfolios sind, wenn sie sich durch ihre Anwendung **intensiver mit dem Lernen** beschäftigen.

Der Respekt vor dem Intellekt junger Kinder und das **Vertrauen in ihre Fähigkeit, an ihrer eigenen Ausbildung und Erziehung** teilzuhaben, sind jedoch nicht das Ergebnis eines sich schrittweise vollziehenden Prozesses. Sie entspringen einem System fundamentaler Glaubensgrundsätze, einem Glauben an das Kind und die Familie als Mittelpunkt der Lernergemeinschaft.

Einfache Fragen an ein junges Kind, wie „Wie hast du diese Brücke aus Bauklötzen gebaut?" oder „Worin unterscheiden sich Knete und Ton?" oder „Was hast du herausgefunden, als du die Kaulquappen beobachtet hast?", machen es Lehrern/Erziehern, Eltern und Kindern möglich, bei der Aufstellung von **Lernkriterien** zusammenzuarbeiten.

Diese Art von Austausch kann zu tiefgreifenden, zunehmenden Veränderungen führen.

Ein Punkt tauchte in unseren Gesprächen mit Lehrern und Erziehern immer wieder auf: Kriterien für die Beurteilung der Fortschritte der Kinder aufzustellen und **die Beziehung dieser Kriterien zum konventionellen Zensurensystem** zu formulieren. Dies stellt die größte Herausforderung dar.

Die Lehrer, die am längsten mit Portfolios arbeiten, bestätigten, dass die Leistungsbewertung mit Portfolios zugleich eine stetige **berufliche Weiterbildung** darstellt. Es gibt immer wieder Fehler, Überraschungen und Lektionen, die man lernen muss.

Methoden, die sich in einer Einrichtung oder Schule wunderbar bewährt haben, sind möglicherweise für andere nicht geeignet.

Einige Lehrer haben Portfolio-Methoden so oft überarbeitet und revidiert, bis sie kaum noch Ähnlichkeit mit ihren ersten Versuchen aufweisen. Andere haben herausgefunden, dass einige der alten Methoden gar nicht so schlecht waren. Einige Lehrer haben uns erzählt, dass ihre Abneigung gegen Zensuren eigentlich aus ihrem Gefühl des Versagens herrührte, weil es ihnen nicht gelang, die Kinder an der Festlegung von Kriterien zur Beurteilung von Arbeiten zu beteiligen.

Wir hoffen, dass unsere Ideen über die Arbeit mit Portfolios Sie anregen, über alle Aspekte Ihrer Arbeit als Pädagoge nachzudenken. Wir hoffen, dass Sie über die vielfältigen Wege nachdenken, wie Sie die Entwicklung junger Kinder fördern und ihre Fortschritte bewerten, beurteilen und festhalten können.

Während Sie immer weiter forschen und lernen, teilen Sie Ihre Erfahrungen mit den Kindern, Eltern und Kollegen. Analysieren Sie Portfolio-Arbeiten und erläutern Sie mit ihrer Hilfe Ihre Unterrichtsmethoden. Reflexion und Kommunikation sind die wesentlichen Aktivitäten in einer Lernergemeinschaft, innerhalb von Kindergarten und Schule wie auch außerhalb. Portfolios können Ihrer Gemeinschaft zu ergiebigerer, tieferer und stetiger Reflexion und Kommunikation verhelfen.

Viel Erfolg!

Kommentar des Kindes zur Arbeitsprobe

Kind: _____

Datum: _____

Art der Arbeitsprobe: _____

So habe ich diese Arbeit gemacht: _____

_____

_____

_____

_____

Das gefällt mir daran: _____

_____

_____

Das würde ich gern daran verändern: _____

_____

_____

Ich möchte diese Aufgabe noch einmal probieren:
☐ ja
☐ nein

Kommentar des Lehrers zur Arbeitsprobe

Kind: _____

Datum: _____

Art der Arbeitsprobe: _____

☐ Vom Lehrer angeregt
☐ Vom Kind angeregt

Fähigkeit/Fertigkeit: _____

_____

Lernziel: _____

_____

☐ Anfangsstadium
☐ Fortgeschritten
☐ Lernziel erreicht
☐ Lernziel übererfüllt

Anmerkungen: _____

_____

_____

_____

_____

Kommentar des Erziehers zur Arbeitsprobe

Kind: _____

Datum: _____

Art der Arbeitsprobe: _____

☐ Vom Erzieher angeregt
☐ Vom Kind angeregt

Fähigkeit/Fertigkeit: _____
_____

Lernziel: _____
_____

☐ Anfangsstadium
☐ Fortgeschritten
☐ Lernziel erreicht
☐ Lernziel übererfüllt

Anmerkungen: _____
_____
_____
_____
_____

Foto-Freigabe

Ich/wir, der/die Erziehungsberechtigte(n) von

_____

gestatten hiermit, dass

_____

(Name der Einrichtung) Aufnahmen von unserem Kind für Informationszwecke und im Rahmen der beruflichen Weiterbildung verwendet.

Ich/wir bestätige(n) hiermit, dass ich/wir berechtigt bin/sind, diese Zustimmung zu geben.

Namen (in Druckbuchstaben):

_____

_____   _____
Datum   Unterschrift

Namen (in Druckbuchstaben):

_____

_____   _____
Datum   Unterschrift

Schlussfolgerungen

Mein Lerntagebuch

Name: _____

Lehrer: _____

Datum: _____   Klasse: _____

Das habe ich gelernt: _____

_____

_____

Darüber möchte ich mehr wissen: _____

_____

_____

Das möchte ich noch tun: _____

_____

_____

Anmerkungen des Lehrers: _____

_____

_____

Mein Lerntagebuch

Name: _____

Erzieher: _____

Datum: _____ Gruppe: _____

📖! Das habe ich gelernt: _____

_____

_____

💡 Darüber möchte ich mehr wissen: _____

_____

_____

💭 Das möchte ich noch tun: _____

_____

_____

Anmerkungen des Erziehers: _____

_____

_____

Systematische Beobachtung

Kind: _____

Datum: _____

Beobachter: _____

Zeit: von _____ bis _____

Beobachtungserlaubnis erteilt durch: _____

Tätigkeit oder Verhalten: _____

_____

_____

Beobachtungsort: _____

Einzelheiten: _____

_____

_____

_____

Grund für Beobachtung: _____

_____

Anmerkungen: _____

_____

_____

Situationsbezogene Beobachtung

Kind: _____

Datum: _____

Ereignis: _____

Situation: _____

Beobachtungsort: _____

Einzelheiten: _____

_____

_____

_____

_____

_____

Anmerkungen: _____

_____

_____

_____

_____

Beobachter: _____

Nachrichten an die Eltern

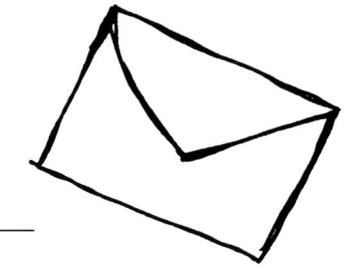

Kind: _____

Datum: _____

Ich habe heute die folgende Begebenheit beobachtet
und denke, dass Sie davon erfahren sollten:

_____

Unterschrift des Lehrers/Erziehers

Beobachtung ist ein wichtiger Bestandteil unseres Systems der Entwicklungs- und Leistungsbewertung. Wir erfahren mehr darüber, wie Kinder lernen und sich entwickeln, wenn wir sie häufig beobachten. Bei unserem nächsten Gespräch werde ich Ihnen weitere Informationen über Ihr Kind mitteilen. Bis dahin können Sie sich jederzeit an mich wenden, wenn Sie Fragen haben. Außerdem interessiere ich mich immer für Ihre Neuigkeiten über die Aktivitäten Ihres Kindes! Lassen Sie Ihr Kind über besondere Erfahrungen in der Schule/ in der Gruppe berichten oder sie in seinem Tagebuch festhalten.

Liebe Eltern!

Die Lern-Portfolios unserer Kinder sind Sammlungen wichtiger Informationen aus unterschiedlichen Quellen. Eine unserer wichtigsten Quellen sind Sie! Ich möchte so viel wie möglich von Ihnen über die Interessen und Aktivitäten Ihres Kindes erfahren, damit ich unsere Lernerfahrungen hier für die Kinder sinnvoll gestalten kann.

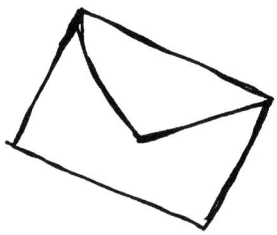

Bitte helfen Sie und erzählen Sie von Ihren Kindern. Hier sind einige Fragen, die Sie beantworten können. Sie können mir aber auch über andere Bereiche berichten, in denen Ihr Kind lernt und sich entfaltet. Bitte bringen Sie diese Informationen zu dem nächsten Gespräch mit. Wir werden Ihren Brief in das Portfolio Ihres Kindes legen. Ich würde sehr gern etwas durch Sie erfahren!

▷ Erzählen Sie mir etwas über das Lieblingsspiel Ihres Kindes.

_____
_____
_____

▷ Erzählen Sie mir, wann Ihr Kind sich im Laufe des Tages oder der Woche besonders gern mit Ihnen unterhält.

_____
_____
_____

▷ Erzählen Sie mir von Aufgaben, die Ihr Kind zu Hause übernimmt.

_____
_____
_____

▷ Erzählen Sie mir, was Ihr Kind im Moment besonders interessiert – die Themen, über die Ihr Kind mit Ihnen spricht. Das können ernste oder lustige Themen sein. (Natürlich wollen wir nicht, dass Sie uns die Geheimnisse Ihres Kindes weitersagen!)

_____
_____
_____

Noch mal vielen Dank dafür, dass Sie sich die Zeit genommen haben, mir über das zu berichten, was Sie über das Lernen und die Entwicklung Ihres Kindes wissen.

Mit freundlichen Grüßen

Kleiner Mutmacher

Das hast du gut gemacht!

Liebe (r) _____ ,

du hast in letzter Zeit viel gelernt
und viele Fortschritte gemacht.

Das kannst du schon:

_____
_____
_____
_____
_____

Das solltest du noch üben:

_____
_____
_____
_____
_____

Kapitel 7

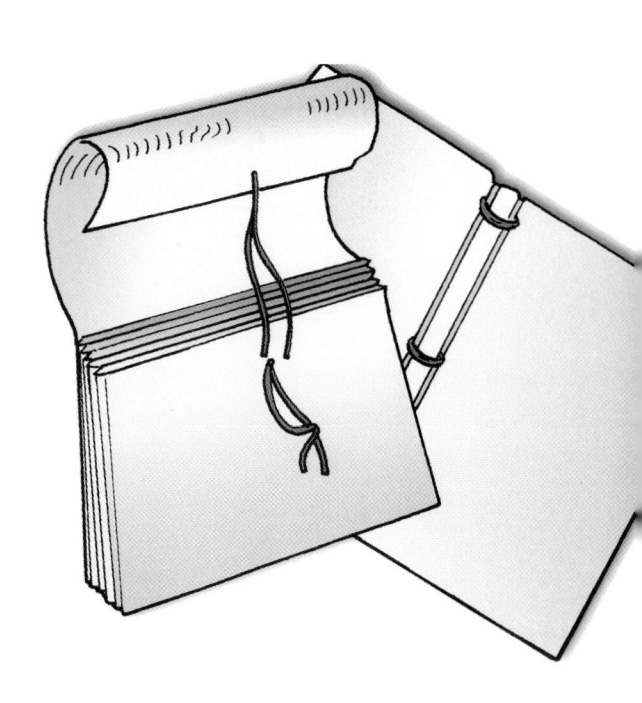

Anhang

Glossar

3-Parteien-Portfolio-Gespräche: Gespräche, die zusammen mit dem Lehrer/Erzieher, dem Kind und den Eltern geführt werden. Hier sollen die Kinder und die Eltern an der Betrachtung der ganzen Portfolios und der Beurteilung der Fortschritte beteiligt werden.

Alternative Form der Leistungsbewertung: Grundsätzlich jede Art der Leistungsbewertung, die sich von Lernzielkontrollen in Form von Test und Klassenarbeiten, starren Zeitvorgaben und ergebnisorientierten Aufgabenformaten unterscheidet.

Analytische Aufgabe: Eine vom Kind auszuführende Aufgabe (gestellt durch den Lehrer/Erzieher), die zeigen soll, inwieweit es bestimmte Kenntnisse oder Fähigkeiten hat.

Arbeitsprobe: Ein Beispiel für die Arbeit eines Menschen, das aufbewahrt wird und als Dokumentation seiner Lernfortschritte in einem bestimmten Zeitraum dient.

Ausgangsbeispiel: Ausgewählte Arbeiten, die zu Beginn der Kindergarten- oder Schulzeit eines Kindes gesammelt werden, um seinen aktuellen Entwicklungsstand auf einem bestimmten Gebiet oder in einem speziellen Lernbereich festzustellen.

Authentische Arbeitsprobe: Ein Beispiel für die Arbeit eines Kindes, das statt konstruierter Unterrichtsituationen realistische Situationen und Fragestellungen widerspiegelt, die in der Lernumgebung angesprochen werden.

Authentische Leistungsbewertung: Diesem Begriff liegt die Idee zugrunde, dass Kinder zum Zwecke der Leistungsbewertung ihr Wissen und ihre Fertigkeiten so anwenden, wie sie es im „wirklichen" Leben außerhalb der Schule gewöhnt sind.

Diktierte Texte: Die mündliche Angabe von Informationen, die von einem anderen aufgezeichnet werden. Diktierte Texte sind eine Methode aus der Arbeit mit jüngeren Kindern, mit deren Hilfe Kindergartenkinder und Schreibanfänger ihre Gedanken festhalten können.

Dokumentation: Aufbewahren von Informationen, die durch Beobachtungen im Unterricht und Aufzeichnungen über einen längeren Zeitraum gewonnen werden.

Entwicklungsbereich: Alle Aspekte der Entwicklung wie kognitive, sozio-emotionale oder körperliche Entwicklung.

Entwicklungsbericht: Eine klare, zusammenfassende schriftliche Schilderung der Fortschritte eines Kindes in allen Entwicklungsbereichen in einem festgelegten Zeitraum.

Expressiver Sprachgebrauch: Sprache, die etwas anderes kundtut oder symbolisiert. Durch ihre Fähigkeit, Ideen und Gefühle auszudrücken, zeigen junge Kinder, dass sie die Sprache in ihrer expressiven Funktion verwenden können.

Figurative Darstellung: Eine Art der Malens, mit der konkrete Gegenstände, Menschen, Tiere etc. abgebildet werden. In der frühen Kindheit folgt die figurative Darstellung auf die Kritzelphase, in der das Kind den Umgang mit den Materialien einübt.

Fortlaufende Beobachtung: Beschreibender Bericht, detaillierter als eine situationsbezogene Beobachtung. Fortlaufende Beobachtungen sind kontinuierliche schriftliche Aufzeichnungen über alle Tätigkeiten eines Kindes während eines festgelegten Zeitraums.

Interview: Ein Gespräch zwischen einem Lehrer oder Erzieher und einem Kind, bei dem es um ein Projekt oder eine abgeschlossene oder noch unfertige Arbeit geht: z.B. um eine Geschichte oder ein Buch, das das Kind gelesen hat, oder um eine andere Aktivität. Das Interview soll dem Erwachsenen Aufschlüsse über die Entwicklung des Kindes vermitteln, die sich aus der Aktivität ablesen lassen. Es stellt eine Methode dar, Wissen und Fähigkeiten eines Kindes auszuloten.

Leistungsbewertung: Alle Methoden der Informationssammlung zum Zwecke der Lern- und Entwicklungsstandsbestimmung eines einzelnen Kindes, einer Gruppe oder Auswahl von Kindern, eines Kurses oder einer Fachkraft.

Leistungsbewertung mit Portfolios: Der Einsatz von Portfolios als Grundlage für eine Reihe von Beurteilungsmethoden. Während einzelne Methoden der Leistungsbewertung jeweils unterschiedlichen Zwecken dienen, hilft das Portfolio bei der gesamten Beurteilung des einzelnen Kindes.

Lernergemeinschaft: Die Personen, die an dem Lernprozess des Kindes teilhaben. Dies sind in der Regel die Eltern, der Lehrer/Erzieher und natürlich das Kind selbst.

Lern-Portfolio: Das Lern-Portolio ist eine Sammlung von Dokumenten vom Kind. Hier sind Notizen, Entwürfe, Skizzen, Arbeitsproben und das Lerntagebuch enthalten. Für den Inhalt ist das Kind mitverantwortlich.

Lerntagebuch: Aufzeichnungen, ähnlich wie in einem persönlichen Tagebuch, mit deren Hilfe zuerst der Lehrer/Erzieher und später das Kind selbst dokumentiert, welche Fortschritte es bei der Bewältigung spezifischer Lernziele und im Umgang damit macht.

Lerntagebuchgespräch: Ein regelmäßig stattfindendes Gespräch zwischen einem bestimmten Kind und einem Erwachsenen, bei dem Lernaktivitäten der letzten Zeit besprochen und neue Lernziele aufgestellt werden. Informationen, die sich aus dem Gespräch ergeben, werden im Lerntagebuch festgehalten.

Naturalistische Verhaltensbeobachtung: Informelle Beobachtung in der natürlichen Lernumgebung des Klassenzimmers/Gruppenraumes.

Pädagogisches Tagebuch: Persönliche Aufzeichnungen eines Lehrers oder Erziehers über seine Erfahrungen im Unterricht oder in der Gruppe. Diese Art von Tagebuch hilft bei Reflexion und Selbsteinschätzung.

Portfolio: Eine nach festgelegten Kriterien zusammengestellte Sammlung von Dokumenten, die in einen bestimmten Zeitraum entstanden sind und den Lernprozess des einzelnen Kindes deutlich und nachvollziehbar macht.

Zwei Beispiele aus einem Lern-Portfolio eines Erstklässlers

Portfolio-Gespräch: Eine Zusammenkunft von Lehrer/Erzieher und Kind (und vielleicht einem Elternteil) zur Würdigung der Fortschritte des Kindes, wie sie die Sammlung von Dokumenten in seinem Portfolio dokumentiert.

Portfolio-Gesprächsprotokoll: Eine klare schriftliche Zusammenfassung eines Portfolio-Gesprächs sowie eine Schilderung der besprochenen Dokumente und weiteren Pläne. Das Portfolio-Gesprächsprotokoll wird normalerweise von allen Beteiligten gemeinsam verfasst.

Portfolio-Strategie: Eine kurze Zusammenstellung von Richtlinien zur Sammlung und Aufbewahrung von Arbeiten oder Dokumenten. Die Formulierung der Strategie beginnt mit der Betrachtung von Zielen und Aufgaben, die mit der Einführung von Portfolios verfolgt werden.

Präsentations-Portfolio: Eine Sammlung von Arbeits-proben, Entwicklungsberichten und anderen wichtigen Beweisstücken zur Weitergabe an spätere Lehrer/Erzieher, mit dem Ziel, eine kontinuierliche Darstellung von Entwicklungsfortschritten und Leistungen zur Verfügung zu stellen.

Primärquelle: Informationen in ihrer ursprünglichen und nicht in sekundärer, also bewerteter Form. In der frühkindlichen Leistungsbewertung zählen Arbeitsproben der Kinder, Gespräche mit Eltern und Beobachtungen durch den Lehrer/Erzieher zu den Primärquellen. Ausgefüllte Checklisten und Beurteilungen durch andere Lehrer/Erzieher gehören dagegen zu den Sekundärquellen.

Privates Portfolio: Hierin werden vertrauliche Unterlagen des Kindes gesammelt.

Schemaphase: Eine Art des Malens mit klar erkennbaren Grenzen. Bei jungen Kindern (im Alter von ca. 5–8 Jahren) wird die Schemaphase meist an Bildern deutlich, die oben den Himmel und unten die Erde oder auch eine Schlafzimmer- oder Küchenwand zeigen. Bilder aus der Vor-Schemaphase haben diese Aufteilung nicht.

Sekundärquelle: Beurteilungen von Primärquellen. In der frühkindlichen Leistungsbewertung zählt man Begleitkommentare zu Arbeitsproben, Entwicklungsberichte etc. zu den Sekundärquellen.

Situationsbezogene Aufzeichnung: Kurzer Bericht über Handlungen eines Kindes. Ereignisse werden sachlich und objektiv beschrieben. Dazu gehören Angaben darüber, wie, wann und wo sich ein Vorfall ereignet hat. Solche Aufzeichnungen dienen meist als Beleg für unerwartete Entwicklungen bei einzelnen Kindern.

Standardisierte Leistungsmessung: Feststellung des Leistungsstandes anhand von Normen, etwa die Erwartung, dass ein fünfjähriges Kind bestimmte Fähigkeiten beherrschen sollte.

Standardisierte Tests: Der Einsatz von Tests zur Feststellung des Leistungsstandes einzelner Personen oder einer Gruppe gemessen an bestimmten Normen.

Systematische Aufzeichnungen: Schriftliche Aufzeichnung von systematischen Beobachtungen. (siehe nächstes Stichwort)

Systematische Beobachtungen: Regelmäßiges, geplantes und aufmerksames Hören, Beobachten und Aufzeichnen dessen, was ein Kind an Verhaltensweisen zeigt. Die systematischen Beobachtungen haben das Ziel, die Fortschritte des Kindes in einem bestimmten, vorher festgelegten Entwicklungsbereich festzustellen.

Wertender Sprachgebrauch: Kommentare, die Wertungen widerspiegeln, in diesem Fall durch einen Erzieher, Lehrer, Elternteil oder anderen Beobachter junger Kinder.

Materialliste

Für das 10-Schritte-Programm zur Arbeit mit Portfolios brauchen Sie folgende Ausstattung:

1. Einen Planer oder ein Notizbuch mit Spiralbindung mit viel Platz für Notizen in unterschiedlichen thematischen Abteilungen.

2. Stifte, mit denen Sie gut schreiben können. Kaufen Sie gleich ein ganzes Paket davon.

3. Bleistifte

4. Kleine Notizbücher mit Spiralbindung in einem Format, das Ihnen liegt. Kaufen Sie gleich ein ganzes Paket davon.

5. Schnellhefter für Lerntagebücher – für jedes Kind einen

6. Behältnisse für Portfolios – für jedes Kind drei: einen kleinen für das private Portfolio, einen großen für das Lern-Portfolio und einen kleineren für das Präsentations-Portfolio

7. Computer. Er ist sehr nützlich beim Schreiben von Entwicklungsberichten und anderen Aufzeichnungen.

8. Kamera – auch Digitalkamera
   Die Merkmale:
   - Zoomobjektiv mit mittlerem Weitwinkel- und Telebereich, so dass Sie sowohl quer durch den Raum als auch ein einzelnes Kind oder eine Gruppe fotografieren können
   - Datumsanzeige als Option

9. Ein Vorrat an Filmen bzw. CD-ROMs

10. Kassettenrekorder oder Diktiergerät – mit etwas Vorsicht kann ein solcher Rekorder jahrelang halten. Die einzigen laufenden Kosten entstehen durch die Batterien.

11. Ein Vorrat an Audio- und Videokassetten – mindestes eine für jedes Kind

12. Aufbewahrungsmöglichkeiten aus Plastik für Audiokassetten

13. Farbige Pappe für die verschiedenen Kopiervorlagen

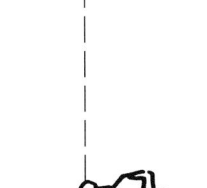

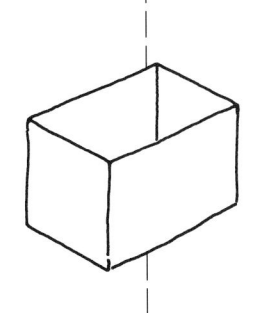

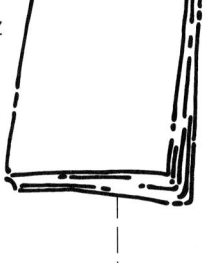

Literatur- und Internettipps

Kindergarten, Schuleingangsphase

Ackermann, L./Müller, B./Urfer, R.:
Sinn-Salabim. Tasten – Hören – Sehen: Erfahrungsspiele für Kinder. 5–10 J.
Verlag an der Ruhr 2005. ISBN 3-86072-961-6

Alins, S./Ros, J.:
Zwischen Kindergarten und Grundschule – Kinder lernen spielend. Zeit, Zahlen, Rhythmus. 4–7 J.
Verlag an der Ruhr 2005. ISBN 3-86072-972-1

Alins, S./Ros, J.:
Zwischen Kindergarten und Grundschule – Kinder lernen spielend. Körper, Räume, Koordination.
4–7 J. Verlag an der Ruhr 2005. ISBN 3-86072-971-3

Brandt-Frank, Ulrike:
Fit für die Grundschule.
Mit Kindern spielend lernen. Praxis Kindergarten.
Klett Verlag 2004. ISBN 3-12-010101-X

Kiphard, E. J.:
Wie weit ist ein Kind entwickelt?
Eine Anleitung zur Entwicklungsüberprüfung.
Verlag modernes lernen 2002. ISBN 3-8080-0506-8

Pica, Rae:
Vom Morgenkreis zum Abschiedslied.
Themen- und Methodenübergänge ohne Chaos. 5–10 J.
Verlag an der Ruhr 2005. ISBN 3-86072-968-3

Schaadt, Susanne:
Schwungübungen mit Punkt-Mandalas. 6–8 J.
Verlag an der Ruhr 2004. ISBN 3-86072-960-8

Sinnhuber, Helga:
Sensomotorische Förderdiagnostik.
Ein Praxishandbuch zur Entwicklungsüberprüfung und Entwicklungsförderung für Kinder von 4–7 $^1/_2$ Jahren.
Verlag modernes lernen 2002. ISBN 3-8080-0469-X

Lernen, beurteilen, unterrichten

Arnold, Ellen:
Jetzt versteh' ich das! Bessere Lernerfolge durch Förderung der verschiedenen Lerntypen. 6–99 J.
Verlag an der Ruhr 2000. ISBN 3-86072-587-4

Brunner, I./Schmidinger, E.:
Gerecht beurteilen.
Portfolio: die Alternative für die Grundschulpraxis.
Veritas Verlag 2000. ISBN 3-464-25063-6

Easley, S.-D./Mitchell, K.:
Arbeiten mit Portfolios. Schüler fordern, fördern und fair beurteilen. Kl. 1–13.
Verlag an der Ruhr 2004. ISBN 3-86072-869-5

Johnson, Paul:
Schön präsentieren mit Mini-Büchern.
30 Gestaltungsideen für Arbeitsergebnisse. 6–10 J.
Verlag an der Ruhr 2004. ISBN 3-86072-887-3

Klein, Kerstin:
So erklär' ich das! 60 Methoden für produktive Arbeit in der Klasse. Alle Altersstufen.
Verlag an der Ruhr 2002. ISBN 3-86072-733-8

Morgentau, Lena:
Was ist offener Unterricht?
Wochenplan und Freie Arbeit organisieren. Kl. 1–6.
Verlag an der Ruhr 2003. ISBN 3-86072-706-0

Weber, Anders:
Was ist Werkstatt-Unterricht? Für alle Schulstufen.
Verlag an der Ruhr 1998. ISBN 3-86072-377-4

Quellenverzeichnis:

[1] **Graves, D.H.** (1992): Portfolios. Keep a good idea growing. In: Graves, D.H. and Sunset, B.S., eds, Portfolio Portraits. Portsmouth, NH.: Heinemann, 1.

[2] **Voss, M.M** (1992): Portfolios in first grade: A teacher's discoveries. In: Graves, D.H., and Sunstein, B.S., eds, Portfolio Portraits. Portsmouth, NH.: Heinemann, 1.

[3] **Taylor, J.** (1996): How I learned to look at first-grader's writing process instead of his deficiencies. In: Young Children 51 (2), pp 38–42.

[4] **Hirsch, E.S.** (1984): The Block Book. Washington, D.C.: National Association for the Education of Young Children.

[5] **Bredekamp, S./Copple, C., eds.** (1997): Developmentally Appropriate Practice in Early Childhood Programs. Rev. ed. Washington, D.C.: National Association for the Education of Young Children.

[6] **Mississippi Department of Education** (1992): Developmental Instructions strategies: Kindergarten Through Third Grade. Mississippi Department of Education.

[7] **Harding, N.** (1996): Family journals: The bridge from school to home and back again. In: Young Children 51 (2), pp 27–30.

Internet:

www.portfolio-schule.de/
Forum für Lehrer, die mit Portfolios arbeiten oder arbeiten wollen.

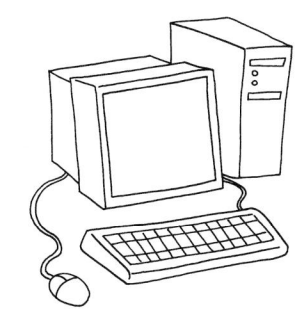

www.leibnizplatz.de/lehrplan/Portfolios-Dateien/frame.htm
Hier finden Sie eine ausführliche Einführung in die Arbeit mit Portfolios.

www.learn-line.nrw.de/angebote/portfolio/index.html
Alles über das europäische Sprachenportfolio.

www.guterunterricht.de
Eine Seite mit Tipps, Unterrichtsmethoden und Unterrichtsmaterialien für einen guten Unterricht.

www.knetfeder.de/kkp/malen.html
Eine Infoseite zum Thema Kleinkindpädagogik.

www.verlagruhr.de
Da sich Internetadressen schnell verändern können, finden Sie auf unserer Homepage unter dem Titel „Das Portfolio-Buch für Kindergarten und Grundschule" eine stets aktualisierte Linkliste aller Internetadressen aus dieser Mappe.

Verlag an der Ruhr

www.verlagruhr.de

organisieren

Was ist offener Unterricht?
Wochenplan und Freie Arbeit organisieren
Lena Morgenthau
Kl. 1–6, 132 S., A5, Pb.
ISBN 3-86072-706-0
Best.-Nr. 2706
8,60 € (D)/8,85 € (A)/15,30 CHF

So funktioniert die Offene Schuleingangsstufe
Das Beispiel der Laborschule Bielefeld
Autorenteam Laborschule
Kl. 1–2, 276 S.,
16 x 23 cm, Pb. (mit vierf. Abb.)
ISBN 3-86072-962-4
Best.-Nr. 2962
18,50 € (D)/19,– € (A)/32,40 CHF

lernen

Zwischen KiGa und Grundschule – Kinder lernen spielend
Zeit, Zahlen, Rhythmus
Sonia Alins, Jordina Ros
4–7 J., 80 S., 21,5 x 28 cm,
Hardcover, vierfarbig
ISBN 3-86072-972-1
Best.-Nr. 2972
16,80 € (D)/17,30 € (A)/29,40 CHF

Zwischen KiGa und Grundschule – Kinder lernen spielend
Körper, Räume, Koordination
Sonia Alins, Jordina Ros
4–7 J., 80 S., 21,5 x 28 cm,
Hardcover, vierfarbig
ISBN 3-86072-971-3
Best.-Nr. 2971
16,80 € (D)/17,30 € (A)/29,40 CHF

Vom Morgenkreis zum Abschiedslied
Themen- und Methodenübergänge ohne Chaos
Rae Pica
5–10 J., 119 S., 16 x 23 cm, Pb.
ISBN 3-86072-968-3
Best.-Nr. 2968
13,50 € (D)/13,90 € (A)/23,60 CHF

So erklär' ich das!
60 Methoden für produktive Arbeit in der Klasse
Kerstin Klein
Für alle Altersstufen,
140 S., 16 x 23 cm, Pb.
ISBN 3-86072-733-8
Best.-Nr. 2733
12,80 € (D)/13,15 € (A)/22,40 CHF

präsentieren

Schön präsentieren mit Mini-Büchern
30 Gestaltungsideen für Arbeitsergebnisse
Paul Johnson
6–10 J., 62 S., A4, Pb. (mit vierf. Abb.)
ISBN 3-86072-887-3
Best.-Nr. 2887
18,– € (D)/18,50 € (A)/31,50 CHF

Schneiden, Falten, Gestalten
Vorlagen für Lernmodelle: Tiere
Paul Johnson
Kl. 2–4, 68 S., A4, Pb.
ISBN 3-86072-847-4
Best.-Nr. 2847
14,80 € (D)/15,20 € (A)/25,90 CHF

Verlag an der Ruhr
Postfach 10 22 51 • D–45422 Mülheim an der Ruhr
Tel.: 0208/49 50 40 • Fax: 0208/4950495
E-Mail: info@verlagruhr.de

Bücher für die pädagogische Praxis